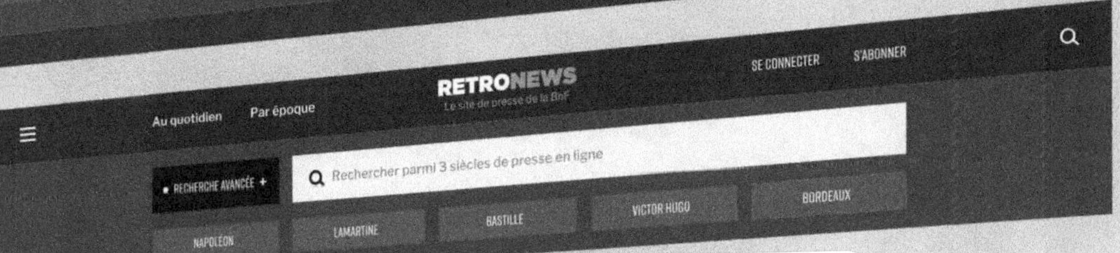

Découvrez l'histoire
par les archives
de presse

SE CONNECTER   S'ABONNER
RETRONEWS
Le site de presse de la BnF
Au quotidien   Par époque
RECHERCHE AVANCÉE +   Rechercher parmi 3 siècles de presse en ligne
NAPOLÉON   LAMARTINE   BASTILLE   VICTOR HUGO   BORDEAUX

RETRONEWS
Le site de presse de la BnF
www.retronews.fr

ANNUAIRE

HISTORIQUE

POUR L'ANNÉE 1845,

PUBLIÉ PAR LA SOCIÉTÉ

DE

L'HISTOIRE DE FRANCE.

9e ANNÉE.

A PARIS,

CHEZ JULES RENOUARD ET Cie,

LIBRAIRES DE LA SOCIÉTÉ DE L'HISTOIRE DE FRANCE,

RUE DE TOURNON, N° 6.

1844.

ANNUAIRE

HISTORIQUE.

DE L'IMPRIMERIE DE CRAPELET,

Rue de Vaugirard, n° 9.

ANNÉE 1845.

Comput ecclésiastique.		*Cycles divers.*	
Nombre d'Or........	3	Cycle solaire.........	6
Épacte.............	xxii	Cycle des Hébreux...	19
Lettre dominicale....	E	Cycle de l'hégire......	1
Indiction romaine....	3		

Fêtes mobiles.

Septuagésime, 19 janvier.	Pentecôte, 11 mai.
Les Cendres, 5 février.	Trinité, 18 mai.
Pâques, 23 mars.	Fête-Dieu, 22 mai.
Ascension, 1er mai.	1er Dim. de l'Avent, 30 nov.

Quatre-Temps.

Février........	12, 14, 15	Septembre.....	17, 19, 20
Mai..........	14, 16, 17	Décembre......	17, 19, 20

Commencement des Saisons.

Printemps,	20 mars à....	5h 54'	du soir.
Été,	21 juin à.....	2h 52'	du soir.
Automne,	23 septembre à	5h 3'	du matin.
Hiver,	21 décembre à	10h 36'	du soir.

Éclipses en 1845.

6 mai, éclipse de Soleil, visible à Paris : commencement, 8 h. 41' du matin ; fin, à 10 h. 50' du matin.

21 mai, éclipse totale de Lune, invisible à Paris.

30 et 31 octobre, éclipse annulaire de Soleil, invisible à Paris.

13 novembre, éclipse de Lune, visible à Paris : commencement à 11 h. 19' du soir ; fin, le 14 novembre à 2 h. 37' du matin.

CALENDRIERS SOLAIRES.				JOURS de la semaine.	JANVIER. FÊTES ET SAINTS.	LEVER du Soleil.	COUCHER du Soleil.	Temps moyen au midi vrai.
Romain	Julien.	Répub.	Grégor.					
Janv.	Dec.	Niv.				H. ′	H. ′	H. ′ ″
Cal.	20	12	1	Mer.	☾ Circon.	7.56	4.12	0. 3.56
IV	21	Au 13	2	Jeu.	s. Basile, E	7.56	4.13	0. 4.24
III	22	53 14	3	Ven.	ste Genev.	7.56	4.14	0. 4.52
II	23	15	4	Sam.	s. Rigobert	7.56	4.15	0. 5.20
Non.	24	16	5	Dim.	s. Sim. Stil.	7.56	4.16	0. 5.47
VIII	25	17	6	Lun.	Épiphanie	7.56	4.17	0. 6.13
VII	26	18	7	Mar.	s. Theau.	7.55	4.19	0. 6.40
VI	27	19	8	Mer.	⊙ s. Lucien	7.55	4.20	0. 7. 5
V	28	20	9	Jeu.	s. Furcy.	7.54	4.21	0. 7.30
IV	29	21	10	Ven.	s. Paulerm.	7 54	4.22	0. 7.55
III	30	22	11	Sam.	s. Théodor.	7.54	4.24	0. 8.19
II	31	23	12	Dim.	1er ap. l'Ép.	7.53	4.25	0. 8.42
Ides.	Janvier. 1	24	13	Lun.	s. Léonce.	7.52	4.26	0. 9. 5
XIX	2	25	14	Mar.	s. Hilaire.	7.52	4.28	0. 9.27
XVIII	3	26	15	Mer.	☽ s. Maur.	7.51	4.29	0. 9.48
XVII	4	27	16	Jeu.	s. Guillaum	7.50	4.31	0.10. 9
XVI	5	28	17	Ven.	s. Antoine.	7.50	4.32	0.10.29
XV	6	29	18	Sam.	Ch. de s. Pi.	7.49	4.34	0.10.48
XIV	7	30	19	Dim.	Septuages.	7.48	4.35	0.11. 7
XIII	8	Pluviôse. 1	20	Lun.	s. Sébastien	7 47	4.37	0.11.24
XII	9	2	21	Mar.	ste Agnès.	7.46	4.38	0.11.41
XI	10	3	22	Mer.	s. Vinc.	7.45	4.40	0.11.57
X	11	4	23	Jeu.	⊙ s. Ildeph.	7.44	4.41	0.12.13
IX	12	5	24	Ven.	s. Babylas.	7.43	4.43	0.12 27
VIII	13	6	25	Sam	C. de s. Paul	7.42	4.44	0.12.41
VII	14	7	26	Dim.	Sexagésim.	7.41	4.46	0.12.54
VI	15	8	27	Lun.	s. Julien.	7.39	4.48	0.13. 6
V	16	9	28	Mar.	s. Charlem.	7.38	4.49	0.13.18
IV	17	10	29	Mer.	s. Fr. de S.	7.37	4.51	0.13.28
III	18	11	30	Jeu.	ste Bathilde	7.36	4.52	0.13.38
II	19	12	31	Ven.	☽ s. Cyr.	7.34	4.54	0.13.47

Âge de la Lune.	CALENDRIERS LUNAIRES.		Calend. Grég.	DÉSIGNATION DES FÊTES RELIGIEUSES pour LES ISRAÉLITES ou les mahométans.
	Hébraï.	Hégire.		
23	22 (Thebeth 5605.)	21 (Dzoulhedgé 1260.)	1	
24	23	22	2	Tecufa, fête dés 4 temps, aux solst. et équin.
25	24	23	3	Jour d'assemblée.
26	25	24	4	Sabbath, jour de repos en mémoire du
27	26	25	5	- repos que prit le Créateur à la fin de la
28	27	26	6	création du moude.
29	28	27	7	Fête pour l'exclusion des Saducéens.
1	29	28	8	
2	1 (Schebath.)	29	9	Roshodès, 1er jour du mois légal commen-
3	2	1 (Moharram 1261.)	10	Jour d'assemblée. ‖ cant après la nouvelle
4	3	2	11	Sabbath. ‖ lune, et non pas le 1er j. astron. de la lune.
5	4	3	12	
6	5	4	13	⊙ Moharram signifie mois sacré, les anciens
7	6	5	14	Arabes s'interdisant toute hostilité dans
8	7	6	15	ce mois.
9	8	7	16	E'yd-el-Catl, fête du meurtre de Hoceïn,
10	9	8	17	Jour d'assemblée. ‖ Iman principal en Perse.
11	10	9	18	Sabbath.
12	11	10	19	E'yd a'chour (fête du dix du mois).
13	12	11	20	
14	13	12	21	
15	14	13	22	
16	15	14	23	
17	16	15	24	Jour d'assemblée.
18	17	16	25	Sabbath.
19	18	17	26	
20	19	18	27	
21	20	19	28	
22	21	20	29	
23	22	21	30	
24	23	22	31	Jour d'assemblée.

CALENDRIERS SOLAIRES.				JOURS de la semaine.	FÉVRIER. FÊTES ET SAINTS.	LEVER du Soleil.	COUCHER du Soleil.	Temps moyen au midi vrai.
Romain	Julien.	Répub.	Grégor					
Févr.	Janv.	Pluv.				H. '	H. '	H. ' "
Cal.	20	13	1	Sam.	s. Iguace.	7.33	4.56	0.13.55
IV	21	14	2	Dim.	*Quinquag.*	7.32	4.57	0.14. 3
III	22	15	3	Lun.	s. Blaise.	7.30	4.59	0.14. 9
II	23	16	4	Mar.	ste Jeanne.	7.29	5. 1	0.14.15
Non.	24	17	5	Mer.	*Les Cendres.*	7.27	5. 2	0.14.20
VIII	25	18	6	Jeu.	⊙ ste Doro.	7.26	5. 4	0.14.24
VII	26	19	7	Ven.	s. Romuald.	7.24	5. 6	0.14.27
VI	27	20	8	Sam.	s. Nisier.	7.23	5. 7	0.14.30
V	28	21	9	Dim.	1er *de Car.*	7.21	5. 9	0.14.32
IV	29	22	10	Lun.	ste Scholas.	7.19	5.11	0.14.33
III	30	23	11	Mar.	s. Severin.	7.18	5.12	0 14.33
II	31	24	12	Mer.	iv *Temps.*	7.16	5.14	0.14.32
Ides.	Février 1	25	13	Jeu.	s. Grégoire.	7.14	5.15	0.14.31
XVI	2	26	14	Ven.	☽ s. Valent.	7.13	5.17	0.14.29
XV	3	27	15	Sam.	s. Faustin.	7.11	5.19	0.14.26
XIV	4	28	16	Dim.	iie *de Car.*	7. 9	5.20	0 14.22
XIII	5	29	17	Lun.	s. Sylvin.	7. 7	5.22	0.14.18
XII	6	30	18	Mar.	s. Siméon.	7. 6	5.24	0.14.12
XI	7	Ventôse 1	19	Mer.	s. Gabin.	7. 4	5.25	0.14. 7
X	8	2	20	Jeu.	s. Eucher.	7. 2	5.27	0.14. 0
IX	9	3	21	Ven.	s. Pépin.	7. 0	5.29	0.13.53
VIII	10	4	22	Sam.	◗ ste Isab.	6.58	5.30	0.13.45
VII	11	5	23	Dim.	iiit *de Car.*	6.56	5.32	0.13.37
VI	12	6	24	Lun.	s. Césaire.	6.54	5.34	0.13.28
V	13	7	25	Mar.	s. Mathias.	6.52	5.35	0.13.18
IV	14	8	26	Mer.	s. Nestor.	6.51	5.37	0.13. 8
III	15	9	27	Jeu.	s. Just.	6.49	5.38	0.12.57
II	16	10	28	Ven.	s. Romain.	6.47	5.40	0.12.46

Âge de la Lune	CALENDRIERS LUNAIRES.		Calend. grég.	DÉSIGNATION DES FÊTES RELIGIEUSES pour LES ISRAÉLITES OU *les mahométans.*
	Hébraï.	Hégire.		
25	Schebath. 24	Moharram. 23	1	Sabbath.
26	25	24	2	
27	26	25	3	
28	27	26	4	
29	28	27	5	Mort d'Antiochus Épiphanes.
30	29	28	6	Roshodès. Dans les mois pleins, le
1	30	29	7	Sabbath. Roshodès. Roshodès dure deux
2	Adar. 1	30	8	dès. jours. = *Jour d'assemblée.*
3	2	Sefer. 1	9	
4	3	2	10	
5	4	3	11	
6	5	4	12	
7	6	5	13	
8	7	6	14	Jeûne pour la mort de Moïse. = *J. d'ass.*
9	8	7	15	Sabbath.
10	9	8	16	
11	10	9	17	
12	11	10	18	
13	12	11	19	
14	13	12	20	
15	14	13	21	*Jour d'assemblée.*
16	15	14	22	Sabbath.
17	16	15	23	
18	17	16	24	
19	18	17	25	
20	19	18	26	
21	20	19	27	
22	21	20	28	*Jour d'assemblée.*

CALENDRIERS SOLAIRES.				JOURS de la semaine.	MARS. FÊTES ET SAINTS.	LEVER du Soleil.	COUCHER du Soleil.	Temps moyen au midi vrai.
Romain	Julien.	Répub.	Grégor			H. ′	H. ′	H. ′ ″
Mars Cal.	Févr. 17	Ven. 11	1	Sam.	● s. Aubin.	6.45	5.42	0.12.34
VI	18	12	2	Dim.	IVe de Car.	6.43	5.43	0.12.22
V	19	13	3	Lun.	ste Cunégo.	6.41	5.45	0.12.9
IV	20	14	4	Mar.	s. Casimir.	6.39	5.46	0.11.56
III	21	15	5	Mer.	s. Adrien.	6.37	5.48	0.11.42
II	22	16	6	Jeu.	ste Colette.	6.34	5.49	0.11.28
Non.	23	17	7	Ven.	ste Perpétue	6.32	5.51	0.11.14
VIII	24	18	8	Sam.	● s. Jean D.	6.30	5.52	0.10.59
VII	25	19	9	Dim.	Passion.	6.28	5.54	0.10.44
VI	26	20	10	Lun.	s. Blancha.	6.26	5.56	0.10.28
V	27	21	11	Mar.	s. Vindicien	6.24	5.57	0.10.13
IV	28	22	12	Mer.	s. Pol. év.	6.22	5.59	0.9.56
III	Mars. 1	23	13	Jeu.	ste Euphra.	6.20	6.0	0.9.40
II	2	24	14	Ven.	s. Lubin.	6.18	6.2	0.9.23
Ides.	3	25	15	Sam.	s. Longin.	6.16	6.3	0.9.0
XVII	4	26	16	Dim.	◐ Rameau.	6.14	6.5	0.8.49
XVI	5	27	17	Lun.	ste Gertru.	6.12	6.6	0.8.31
XV	6	28	18	Mar.	s. Alexand.	6.10	6.8	0.8.13
XIV	7	29	19	Mer.	s. Joseph.	6.8	6.9	0.7.55
XIII	8	30	20	Jeu.	s. Joachim	6.5	6.11	0.7.37
XII	9	Germinal. 1	21	Ven.	s. Benoit.	6.3	6.13	0.7.19
XI	10	2	22	Sam.	s. Emile.	6.1	6.14	0.7.1
X	11	3	23	Dim.	○ PAQUE.	5.59	6.15	0.6.43
IX	12	4	24	Lun.	s. Victorien	5.57	6.17	0.6.24
VIII	13	5	25	Mar.	s. Irénée.	5.55	6.18	0.6.5
VII	14	6	26	Mer.	s. Gabriel.	5.53	6.20	0.5.46
VI	15	7	27	Jeu.	s. Félix.	5.51	6.21	0.5.28
V	16	8	28	Ven.	s. Robert.	5.48	6.23	0.5.9
IV	17	9	29	Sam.	ste Doroth.	5.46	6.24	0.4.51
III	18	10	30	Dim.	◑ Quasim.	5.44	6.26	0.4.32
II	19	11	31	Lun.	Annonciat	5.42	6.27	0.4.14

Âge de la Lune.	CALENDRIERS LUNAIRES.		Calend. grég.	DÉSIGNATION DES FÊTES RELIGIEUSES pour LES ISRAÉLITES OU *les mahométans.*
	Hébraï.	Hégire.		
23	Adar 22	Sefer 21	1	Sabbath.
24	23	22	2	
25	24	23	3	
26	25	24	4	
27	26	25	5	
28	27	26	6	
29	28	27	7	Révocat. de l'éd. d'Antiochus, = J. d'ass.
1	29	28	8	Sabbath. (Schekalim.) On lit les versets 11 à 16 du chap. xxx de l'Exode, en souvenir des demi-sicles que les Israélites offraient au Temple en souvenir de l'Aman d'Assuérus.
2	30	29	9	Roshodès.
3	Veadar 1	Rabi r. 1	10	Roshodès.
4	2	2	11	
5	3	3	12	
6	4	4	13	
7	5	5	14	Jour d'assemblée.
8	6	6	15	Sabbath.
9	7	7	16	● Tchaharchambeh-Ssoury; mercredi de la trompette ou de la fin du monde, suivant lès Persans.
10	8	8	17	
11	9	9	18	
12	10	10	19	
13	11	11	20	Jeûne * en mémoire de celui d'Esther[1].
14	12	12	21	J. d'ass. = Nativité du prophète Mahomet.
15	13	13	22	Sabbath. Lecture du Deutéronome.
16	14	14	23	Ier Purim ou grande fête des sorts, en sou-
17	15	15	24	IIe venir de ceux que le perfide Aman jeta
18	16	16	25	pour perdre les Juifs dans l'esprit d'As-
19	17	17	26	suérus. Chacun alors se fait des pré-
20	18	18	27	sénts ou se donne des festins.
21	19	19	28	Jour d'assemblée.
22	20	20	29	Sabbath. Lecture du chapitre de la vache
23	21	21	30	rousse, Nombres, chap. XIX.
24	22	22	31	[1] Les jeunes marqués d'un * ne sont plus obligatoires.

CALENDRIERS SOLAIRES.				JOURS de la semaine.	AVRIL. FÊTES ET SAINTS.	LEVER du Soleil.	COUCHER du Soleil.	Temps moyen au midi vrai
Romain	Julien.	Répub.	Grégor.					
Avril	Mars	Ger.				H. ′	H. ′	H. ′ ″
Cal.	20	12	1	Mar.	s. Hugues.	5.40	6.29	0. 3.56
IV	21	13	2	Mer.	s. Fran. deP	5.38	6.30	0. 3.38
III	22	14	3	Jeu.	s. Richard.	5.36	6.32	0. 3.20
II	23	15	4	Ven.	s. Ambroise	5.34	6.33	0. 3. 2
Non.	24	16	5	Sam.	s. Vincent.	5.32	6.35	0. 2.44
VIII	25	17	6	Dim.	◉ 11e ap. P.	5.30	6.36	0. 2.27
VII	26	18	7	Lun.	s. Romuald	5.28	6.38	0. 2.10
VI	27	19	8	Mar.	s. Gauth.	5.26	6.39	0. 1.53
V	28	20	9	Mer.	s. Hugues.	5.23	6.41	0′. 1.36
IV	29	21	10	Jeu.	s. Macaire.	5.21	6.42	0. 1.19
III	30	22	11	Ven.	s. Léon P.	5.19	6.44	0. 1. 3
II	31	23	12	Sam.	s. Jules.	5.17	6.45	0. 0.47
Ides.	Avril. 1	24	13	Dim.	III e ap. Páq.	5.15	6.47	0. 0.31
XVIII	2	25	14	Lun.	☾ s. Tibur.	5.13	6.48	0. 0.16
XVII	3	26	15	Mar.	s. Maxime.	5.11	6.49	0. 0. 1
XVI	4	27	16	Mer.	s. Lambert.	5. 9	6.51	11.59.46
XV	5	28	17	Jeu.	s. Anicet.	5. 8	6.52	11.59.32
XIV	6	29	18	Ven.	s. Parfait.	5. 6	6.54	11.59.18
XIII	7	30	19	Sam.	s. Elphège.	5. 6	6.55	11.59. 4
XII	8	Floréal. 1	20	Dim.	IV e ap. Páq.	5. 4	6.57	11.58.51
XI	9	2	21	Lun.	s. Anselme.	5. 0	6.58	11 58.38
X	10	3	22	Mar.	◉ ste Opp.	4.58	7. 0	11.58.26
IX	11	4	23	Mer.	s. Georges.	4 56	7. 1	11.58.14
VIII	12	5	24	Jeu.	s. Léger.	4.54	7. 3	11.58. 2
VII	13	6	25	Ven.	s. Marc.	4.52	7. 4	11.57.51
VI	14	7	26	Sam.	s. Clet.	4.51	7. 6	11.57.41
V	15	8	27	Dim.	v e ap. Páq.	4.49	7. 7	11 57.31
IV	16	9	28	Lun.	☾ Rogat.	4.47	7. 9	11.57.21
III	17	10	29	Mar.	s. Robert.	4.45	7.10	11.57.12
II	18	11	30	Mer.	s. Eutrope.	4.44	7.11	11.57. 4

Age de la Lune.	CALENDRIERS LUNAIRES.		Caleud. grég.	DÉSIGNATION DES FÊTES RELIGIEUSES pour LES ISRAÉLITES OU *les mahométans.*
	Hébraï.	Hégire.		
25	Véadar. 23	Rabié 1r. 23	1	
26	24	24	2	
27	25	25	3	
28	26	26	4	*Jour d'assemblée.*
29	27	27	5	Sabbath. Lecture du ch. XII , v. 1 à 20 de l'Exode qui a rapport à la délivrauce de l'esclavage des Israélites en Égypte.
30	28	28	6	
1	29	29	7	
2	Nisan r. 1	30	8	Roshodès. Commencement de l'année religieuse ou légale, en souvenir de la délivrance d'Egypte. C'est sur le 1er de ce mois que se reglent les jeûnes et les fêtes.
3	2	Rabié 11r. 1	9	
4	3	2	10	
5	4	3	11	*Jour d'assemblée.*
6	5	4	12	Sabbath.
7	6	5	13	
8	7	6	14	
9	8	7	15	
10	9	8	16	
11	10	9	17	Jeûne * pour la mort de Marie, sœur de
12	11	10	18	*Jour d'assemblée.* ‖ Moïse.
13	12	11	19	Sabbath.
14	13	12	20	Tecufa, ou Quatre-Temps.
15	14	13	21	
16	15	14	22	Pessah ou Pâque (passage), en mémoire de ce que l'auge exterminateur frappa de mort tous les premiers-nés en Egypte, et épargua les maisous des Israélites teintes du sang de l'agneau.
17	16	15	23	
18	17	16	24	
19	18	17	25	*Jour d'assemblée.* ‖
20	19	18	26	Sabbath.
21	20	19	27	
22	21	20	28	Septième jour des Azymes,
23	22	21	29	8e j. des Azymes, obligat. seulemeut pour
24	23	22	30	les Israél. hors de la Palestine, ne connais, pas la néoménie fixée par le gr. Sanhédriu.

Nisan r. 1er mois de l'année relig.

CALENDRIERS SOLAIRES.

Romain	Julien	Répub.	Grégor.	JOURS de la semaine.	MAI. FÊTES ET SAINTS.	LEVER du Soleil.	COUCHER du Soleil.	Temps moyen au midi vrai.
	Avril	Flor.				H. '	H. '	H. ' "
Mai. Cal.	19	12	1	Jeu.	ASCENS.	4.42	7.13	11.56.56
VI	20	13	2	Ven.	s. Athanase.	4.40	7.14	11.56.49
V	21	14	3	Sam.	Inv. de la C.	4.38	7.16	11.56.42
IV	22	15	4	Dim.	vᵉ ap. Pâq.	4.37	7.17	11.56.36
III	23	16	5	Lun.	s. Vincent.	4.35	7.19	11.56.31
II	24	17	6	Mar.	⊙ s. Jean p.	4.34	7.20	11.56.26
Non.	25	18	7	Mer.	s. Stanislas.	4.32	7.21	11.56.21
VIII	26	19	8	Jeu.	s. Désiré.	4.30	7.23	11.56.17
VII	27	20	9	Ven.	s. Gr. de N.	4.29	7.24	11.56.14
VI	28	21	10	Sam.	s. Gordien.	4.27	7.26	11.56.11
V	29	22	11	Dim.	PENTEC.	4.26	7.27	11.56.9
IV	30	23	12	Lun.	s. Pancrace.	4.24	7.28	11.56.7
III	Mai 1	24	13	Mar.	s. Servais.	4.23	7.30	11.56.6
II	2	25	14	Mer.	☽ IV Temps.	4.22	7.31	11.56.6
Ides.	3	26	15	Jeu.	s. Isidore.	4.20	7.32	11.56.6
XVII	4	27	16	Ven.	s. Honoré.	4.19	7.34	11.56.6
XVI	5	28	17	Sam.	s. Pascal.	4.18	7.35	11.56.8
XV	6	29	18	Dim.	Trinité.	4.17	7.36	11.56.9
XIV	7	30	19	Lun.	s. Yves.	4.15	7.38	11.56.12
XIII	8	Prairial 1	20	Mar.	s. Bernard.	4.14	7.39	11.56.14
XII	9	2	21	Mer.	⊙ s. Thib.	4.13	7.40	11.56.18
XI	10	3	22	Jeu.	Fête-Dieu.	4.12	7.41	11.56.22
X	11	4	23	Ven.	s. Didier.	4.11	7.43	11.56.26
IX	12	5	24	Sam.	s. Donatien.	4.10	7.44	11.56.31
VIII	13	6	25	Dim.	IIᵉ ap. Pent.	4.9	7.45	11.56.36
VII	14	7	26	Lun.	s. Phil. de N.	4.8	7.46	11.56.42
VI	15	8	27	Mar.	s. Jules.	4.7	7.47	11.56.49
V	16	9	28	Mer.	☾ s. Germ.	4.6	7.48	11.56.56
IV	17	10	29	Jeu.	s. Cyrille.	4.5	7.49	11.57.3
III	18	11	30	Ven.	s. Hubert.	4.5	7.50	11.57.11
II	19	12	31	Sam.	ste Pétron.	4.4	7.51	11.57.19

DÉSIGNATION DES FÊTES RELIGIEUSES pour LES ISRAÉLITES ou *les mahométans*.

Age de la Lune.	Hébraï.	Hégire.	Calend. grég.	Désignation des fêtes religieuses
25	N24 Nisan	23 Rabié II	1	
26	25	24	2	*Jour d'assemblée.*
27	26	25	3	Sabbath. Pereq 1ᵉʳ; désignation des sa-
28	27	26	4	Jeûne* p. la mort ‖ medis qui suivent Pâ-
29	28	27	5	de Josué. ‖ que. On y lit un chap.
1	29	28	6	‖ du traité *Aboth*. (Sen-
2	30	29	7	Roshodès. ‖ tences des Pères.)
3	Jyar 1	Cioumadâ I 1	8	Roshodès.
4	2	2	9	*Jour d'assemblée.*
5	3	3	10	Sabbath. Pereq IIᵉ.
6	4	4	11	
7	5	5	12	
8	6	6	13	
9	7	7	14	Dédicace du temple de Zorobabel.
10	8	8	15	
11	9	9	16	*Jour d'assemblée.* ÷ Jeûne ' pour la mort
12	10	10	17	Sabbath. Pe- ‖ d'Éli et la prise de
13	11	11	18	req IIIᵉ. ‖ l'Arche.
14	12	12	19	
15	13	13	20	
16	14	14	21	Pessah-Schein, seconde Pâque pour ceux
17	15	15	22	qui avaient été dans l'impossibilité de
18	16	16	23	*Jour d'assemblée.* ‖ célébrer la première.
19	17	17	24	Sabbath. Pereq IVᵉ.
20	18	18	25	
21	19	19	26	
22	20	20	27	
23	21	21	28	
24	22	22	29	
25	23	23	30	*Jour d'assemblée.*
26	24	24	31	Sabbath. Pereq Vᵉ.

CALENDRIERS SOLAIRES.				JOURS de la semaine.	JUIN, FÊTES ET SAINTS.	LEVER du Soleil.	COUCHER du Soleil.	Temps moyen au midi vrai.
Romain	Julien	Répub.	Grégor					
Juin.	Mai	Prai.				H. ′	H. ′	H. ′ ″
Cal.	20	13	1	Dim.	IIIᵉ ap. Pent	4. 3	7.52	11.57.28
IV	21	14	2	Lun.	s. Marcelli.	4. 2	7.53	11.57.37
III	22	15	3	Mar.	sᵗᵉ Sophie.	4. 2	7.54	11.57.47
II	23	16	4	Mer.	sᵗᵉ Clotilde.	4. 1	7.55	11.57.57
Non.	24	17	5	Jeu.	◉ s. Bonifa.	4. 1	7.56	11.58. 7
VIII	25	18	6	Ven.	s. Claude.	4. 0	7.57	11.58.18
VII	26	19	7	Sam.	s. Lié.	4. 0	7.58	11.58.29
VI	27	20	8	Dim.	IVᵉ ap. Pent.	3.59	7.58	11.58.40
V	28	21	9	Lun.	s. Pélagie.	3.59	7.59	11.58.51
IV	29	22	10	Mar.	s. Landry.	3.58	8. 0	11.59. 3
III	30	23	11	Mer.	s. Barnabé.	3.58	8. 0	11.59.15
II	31	24	12	Jeu.	s. Olymp.	3.58	8. 1	11.59.27
Ides.	Juin. 1	25	13	Ven.	☽ s. Ant.P.	3.58	8. 2	11.59.40
XVIII	2	26	14	Sam.	s. Basile.	3.58	8. 2	11.59.52
XVII	3	27	15	Dim.	Vᵉ. ap. Pent.	3.58	8. 3	0 .0. 5
XVI	4	28	16	Lun.	s. Cyr.	3.58	8. 3	0. 0.17
XV	5	29	17	Mar.	s. Avit.	3.58	8. 3	0. 0.30
XIV	6	30	18	Mer.	sᵗᵉ Reine.	3.58	8. 4	0. 0.43
XIII	7	Messidor. 1	19	Jeu.	◉ s. Gerva.	3.58	8. 4	0. 0.56
XII	8	2	20	Ven.	s. Silvère.	3.58	8. 4	0. 1.19
XI	9	3	21	Sam.	s. Leufroi.	3.58	8. 5	0. 1.22
X	10	4	22	Dim.	VIᵉ ap. Pent.	3.58	8. 5	0. 1.34
IX	11	5	23	Lun.	s. Audry.	3.59	8. 5	0. 1.47
VIII	12	6	24	Mar.	s. Jean-Bap	3.59	8. 5	0. 2. 0
VII	13	7	25	Mer.	s. Prosper.	3.59	8. 5	0. 2.13
VI	14	8	26	Jeu.	☾ s. Babol.	4. 0	8. 5	0. 2.25
V	15	9	27	Ven.	s. Ladislas.	4. 0	8. 5	0. 2.38
IV	16	10	28	Sam.	s. Irenée.	4. 1	8. 5	0. 2.50
III	17	11	29	Dim.	VIIᵉ ap. Pent	4. 1	8. 5	0. 3. 2
II	18	12	30	Lun.	s. Martial.	4. 2	8. 5	0. 3.14

Âge de la Lune.	CALENDRIERS LUNAIRES.		Calend. grég.	DÉSIGNATION DES FÊTES RELIGIEUSES pour LES ISRAÉLITES OU *les mahométans.*
	Hébrai.	Hégire.		
27	25 Jyar.	25 Gioumada I.	1	
28	26	26	2	
29	27	27	3	
30	28	28	4	
1	29	29	5	Jeûne * pour la mort de Samuel.
2 Sivan.	1	30	6	Roshodès. = *Jour d'assemblée.*
3	2	1 Gioumada II.	7	Sabbath. Pereq viᵉ. C'est dans ce jour que se lit le dernier chap. du livre d'Aboth.
4	3	2′	8	
5	4	3	9	
6	5	4	10	
7	6	5	11	Sabouoth, fête des semaines ou de la moisson, cinquante jours après Pâque, où, selon la tradition, la loi fut donnée à Moïse sur le mont Sinaï.
8	7	6	12	son, cinquante jours après Pâque, où,
9	8	7	13	*Jour d'assemblée.*
10	9	8	14	Sabbath.
11	10	9	15	
12	11	10	16	
13	12	11	17	
14	13	12	18	
15	14	13	19	
16	15	14	20	*Jour d'assemblée.*
17	16	15	21	Sabbath.
18	17	16	22	
19	18	17	23	
20	19	18	24	
21	20	19	25	
22	21	20	26	
23	22	21	27	*Jour d'assemblée.*
24	23	22	28	Sabbath.
25	24	23	29	Jeûne * pour le schisme de Jéroboam.
26	25	24	30	

Romain	Julien (Juin. / Juillet.)	Répub. (Mes. / Thermidor.)	Grégor.	Jours de la semaine	JUILLET. FÊTES ET SAINTS.	Lever du Soleil	Coucher du Soleil	Temps moyen au midi vrai
	Juin.	Mes.				H. ′	H. ′	H. ′ ″
Cal.	19	13	1	Mar.	s. Thierry.	4. 2	8. 5	0. 3.26
VI	20	14	2	Mer.	Vis. de la V.	4. 3	8. 4	0. 3.38
V	21	15	3	Jeu.	s. Anatole.	4. 3	8. 4	0. 3.49
IV	22	16	4	Ven.	⊙ ste Berte.	4. 4	8. 4	0. 4. 0
III	23	17	5	Sam.	ste Zoé.	4. 5	8. 3	0. 4.10
II	24	18	6	Dim.	VIIIe ap. P.	4. 6	8. 3	0. 4.21
Non.	25	19	7	Lun.	s. Lucien.	4. 6	8. 2	0. 4.31
VIII	26	20	8	Mar.	ste Élisabet	4. 7	8. 2	0. 4.40
VII	27	21	9	Mer.	s. Cyrille.	4. 8	8. 1	0. 4.50
VI	28	22	10	Jeu.	ste Félicité.	4. 9	8. 1	0. 4.58
V	29	23	11	Ven.	s. Pie.	4.10	8. 0	0. 5. 7
IV	30	24	12	Sam.	☽ s. Gualb.	4.11	7.59	0. 5.14
III	1 (Juillet)	25	13	Dim.	IXe ap. Pent	4.12	7.58	0. 5.22
II	2	26	14	Lun.	s. Bonaven.	4.13	7.58	0. 5.29
Ides.	3	27	15	Mar.	s. Henri.	4.14	7.57	0. 5.35
XVII	4	28	16	Mer.	s. Eulalie.	4.15	7.56	0. 5.41
XVI	5	29	17	Jeu.	s. Alexis.	4.16	7.55	0. 5.46
XV	6	30	18	Ven.	s. Th. d'Aq.	4.17	7.54	0. 5.51
XIV	7	1 (Thermidor)	19	Sam.	⊙ s. Vinc. P.	4.18	7.53	0. 5.55
XIII	8	2	20	Dim.	Xe ap. Pent.	4.19	7.52	0. 5.59
XII	9	3	21	Lun.	s. Victor.	4.21	7.51	0. 6. 2
XI	10	4	22	Mar.	ste Madelei.	4.22	7.50	0. 6. 5
X	11	5	23	Mer.	s. Apollin.	4.23	7.49	0. 6. 7
IX	12	6	24	Jeu.	ste Christin	4.24	7.48	0. 6. 8
VIII	13	7	25	Ven.	s. J. le maj.	4.25	7.46	0. 6. 9
VII	14	8	26	Sam.	☾ s. Joachi.	4.27	7.45	0. 6.10
VI	15	9	27	Dim.	XIe ap. Pent	4.28	7.44	0. 6.10
V	16	10	28	Lun.	ste Anne.	4.29	7.43	0. 6. 9
IV	17	11	29	Mar.	ste Marthe.	4.30	7.41	0. 6. 7
III	18	12	30	Mer.	s. Ours.	4.32	7.40	0. 6. 5
II	19	13	31	Jeu.	s. C. l'Aux.	4.33	7.38	0. 6. 3

Âge de la Lune.	Hébraï.	Hégire.	Caleud. grég.	DÉSIGNATION DES FÊTES RELIGIEUSES pour les israélites ou les mahométans.
27	26 (Sivan)	25 (Gioumada IIa Redjeb)	1	
28	27	26	2	
29	28	27	3	
30	29	28	4	Jour d'assemblée.
1	30	29	5	Sabbath. Roshodès.
2	1 (Thammouz)	1 (Redjeb)	6	Roshodès. = Redjeb (mois respectable).
3	2	2	7	
4	3	3	8	
5	4	4	9	
6	5	5	10	
7	6	6	11	Jour d'assemblée. ‖ Leilet-el-Reghaïb (nuit
8	7	7	12	Sabbath. ‖ des désirs), fête pour la
9	8	8	13	‖ conception de Mahomet.
10	9	9	14	
11	10	10	15	
12	11	11	16	
13	12	12	17	
14	13	13	18	Jour d'assemblée.
15	14	14	19	Sabbath.
16	15	15	20	
17	16	16	21	Tecufa, ou Quatre-Temps.
18	17	17	22	Jeûne, table de la loi brisée par Moïse.
19	18	18	23	Prise de Jérusalem par Titus.
20	19	19	24	
21	20	20	25	Jour d'assemblée.
22	21	21	26	Sabbath.
23	22	22	27	
24	23	23	28	
25	24	24	29	
26	25	25	30	
27	26	26	31	

CALENDRIERS SOLAIRES				JOURS de la semaine.	AOUT. FÊTES ET SAINTS.	LEVER du Soleil.	COUCHER du Soleil.	Temps moyen au midi vrai.
Romain	Julien.	Répub.	Grégor					
Aoút	Juill.	Ther				H. ′	H. ′	H. ′ ″
Cal.	20	14	1	Ven.	s. Pier. ès l.	4.34	7.37	0. 6. 0
IV	21	15	2	Sam.	s. Germain.	4.36	7.36	0. 5.56
III	22	16	3	Dim.	⊙ XIIᵉ a. P.	4.37	7.34	0. 5.52
II	23	17	4	Lun.	s. Dominiq.	4.38	7.33	0. 5.47
Non.	24	18	5	Mar.	s. Yon.	4.40	7.31	0. 5.41
VIII	25	19	6	Mer.	Transf.	4.41	7.29	0. 5.35
VII	26	20	7	Jeu.	s. Gaétan.	4.42	7.28	0. 5.28
VI	27	21	8	Ven.	s. Justin.	4.44	7.26	0. 5.21
V	28	22	9	Sam.	s. Romain.	4.45	7.25	0. 5.13
IV	29	23	10	Dim.	☽ XIIIᵉ a. P.	4.47	7.23	0. 5.14
III	30	24	11	Lun.	Sus. de la C.	4.48	7.21	0. 4.55
II	31	25	12	Mar.	sᵗᵉ Claire.	4.49	7.19	0. 4.46
Ides	1 (Aoút)	26	13	Mer.	s. Eugène.	4.51	7.18	0. 4.35
XIX	2	27	14	Jeu.	s. Eusèbe.	4.52	7.16	0. 4.25
XVIII	3	28	15	Ven.	ASSOMP.	4.54	7.14	0. 4.13
XVII	4	29	16	Sam.	s. Napoléon	4.55	7.12	0. 4. 1
XVI	5	30	17	Dim.	⊙ XIVᵉ a. P.	4.56	7.10	0. 3.49
XV	6	1 (Fructidor)	18	Lun.	sᵗᵉ Hélène.	4.58	7. 9	0. 3.36
XIV	7	2	19	Mar.	s. Bernard.	4.59	7. 7	0. 3.22
XIII	8	3	20	Mer.	s. Jules.	5. 1	7. 5	0. 3. 8
XII	9	4	21	Jeu.	s. Privat.	5. 2	7. 3	0. 2.54
XI	10	5	22	Ven.	s. Symphor.	5. 3	7. 1	0. 2.39
X	11	6	23	Sam.	s. Timoth.	5. 5	6.59	0. 2.24
IX	12	7	24	Dim.	☾ XVᵉ a. P.	5. 6	6.57	0. 2. 8
VIII	13	8	25	Lun.	s. Louis.	5. 8	6.55	0. 1.52
VII	14	9	26	Mar.	s. Zéphyrin	5. 9	6.53	0. 1.36
VI	15	10	27	Mer.	s. Césaire.	5.11	6.51	0. 1.19
V	16	11	28	Jeu.	s. August.	5.12	6.49	0. 1. 2
IV	17	12	29	Ven.	s. Médéric.	5.13	6.47	0. 0.44
III	18	13	30	Sam.	s. Fiacre.	5.15	6.45	0. 0.26
II	19	14	31	Dim.	XVIᵉ a. Pen.	5.16	6.43	0. 0. 8

Age de la Lune.	CALENDRIERS LUNAIRES		Calend. grég.	DÉSIGNATION DES FÊTES RELIGIEUSES pour LES ISRAÉLITES OU *les mahométans.*
	Hébraï.	Hégire.		
28	27 (Thammuz)	27 (Redjeb)	1	Jour d'assemblée. Leilet-el-Miradje (nuit
29	28	28	2	Sabbath. ‖ de l'assomption de
1	29	29	3	Mahomet).
2	1 (Ab)	30	4	Roshodès. Jeûne * pour la mort d'Aaron.
3	2	1	5	
4	3	2	6	.
5	4	3	7	
6	5	4	8	Jour d'assemblée.
7	6	5	9	Sabbath.
8	7	6	10	
9	8	7	11	
10	9	8	12	Jeûne pour l'incendie du Temple par les
11	10	9	13	Chaldéens et par Titus.
12	11	10	14	
13	12	11 (Schaban)	15	Jour d'assemblée.
14	13	12	16	Sabbath.
15	14	13	17	
16	15	14	18	Fête pr l'approvisionᵗ du bois des sacrifices.
17	16	15	19	Leilet-el-Berath (nuit du pardon des pé-
18	17	16	20	chés des hommes inscrits par un ange).
19	18	17	21	Jeûne en souvenir de la lampe éteinte du
20	19	18	22	Jour d'assemblée. ‖ temps d'Acharz.
21	20	19	23	Sabbath.
22	21	20	24	
23	22	21	25	
24	23	22	26	
25	24	23	27	
26	25	24	28	
27	26	25	29	Jour d'assemblée.
28	27	26	30	Sabbath.
29	28	27	31	

Calendriers solaires — Septembre

CALENDRIERS SOLAIRES.				Jours de la semaine.	SEPTEMBRE. FÊTES ET SAINTS.	LEVER du Soleil.	COUCHER du Soleil.	Temps moyen au midi vrai.
Romain	Julien. (Août)	Répub. (Fruc)	Grégor. (Sept.)			H. ′	H. ′	H. ′ ″
Cal.	20	15	1	Lun.	● s. L. s. G.	5.18	6.41	11.59.49
IV	21	16	2	Mar.	s. Lazare.	5.19	6.39	11.59.31
III	22	17	3	Mer.	s. Grégoire.	5.21	6.37	11.59.11
II	23	18	4	Jeu.	ste Rosalie.	5.22	6.35	11.58.52
Non.	24	19	5	Ven.	s. Bertin.	5.23	6.33	11.58.32
VIII	25	20	6	Sam.	s. Eleuthère	5.25	6.31	11.58.13
VII	26	21	7	Dim.	xviiie a. Pen	5.26	6.29	11.57.53
VI	27	22	8	Lun.	Nat. de la V.	5.28	6.27	11.57.32
V	28	23	9	Mar.	☽ s. Omer.	5.29	6.25	11.57.12
IV	29	24	10	Mer.	ste Pulchér.	5.30	6.23	11.56.51
III	30	25	11	Jeu.	s. Hyacint.	5.32	6.20	11.56.30
II	31	26	12	Ven.	s. Raph.	5.33	6.18	11.56.10
Ides.	1	27	13	Sam.	s. Amé.	5.35	6.16	11.55.49
XVIII	2	28	14	Dim.	xviiie a. Pe.	5.36	6.14	11.55.27
XVII	3	29	15	Lun.	○ s. Nicod.	5.38	6.12	11.55.06
XVI	4	30	16	Mar.	s. Cyprien.	5.39	6.10	11.54.45
XV	5	1	17	Mer.	iv Temps.	5.41	6.8	11.54.24
XIV	6	2	18	Jeu.	s. Chrysost.	5.42	6.6	11.54.3
XIII	7	3	19	Ven.	s. Eustache.	5.43	6.3	11.53.42
XII	8	4	20	Sam.	s. Janvier.	5.45	6.1	11.53.20
XI	9	5	21	Dim.	xixe a. Pent	5.46	5.59	11.52.59
X	10	1	22	Lun.	s. Maurice.	5.48	5.57	11.52.38
IX	11	2	23	Mar.	☾ ste Thècle.	5.49	5.55	11.52.18
VIII	12	3	24	Mer.	s. Andoche.	5.51	5.53	11.51.57
VII	13	4	25	Jeu.	s. Firmin.	5.52	5.51	11.51.37
VI	14	5	26	Ven.	ste Justine.	5.53	5.49	11.51.16
V	15	6	27	Sam.	s. C. s. Dam.	5.55	5.46	11.50.56
IV	16	7	28	Dim.	xxe ap. Pent	5.56	5.44	11.50.36
III	17	8	29	Lun.	s. Michel.	5.58	5.42	11.50.17
II	18	9	30	Mar.	s. Jérôme.	5.59	5.40	11.49.57

(Colonne julienne : *Septembre.* à partir du 13. Colonne républicaine : Fructidor jusqu'au 16, puis *Jours compl.* 1–5, puis *Vendémiaire. An 64.*)

DÉSIGNATION DES FÊTES RELIGIEUSES pour LES ISRAÉLITES OU *les mahométans*

Âge de la Lune.	CALENDRIERS LUNAIRES.		Calend. grég.	DÉSIGNATION
	Hébraï.	Hégire.		
30	Ab. 29	S'liaban. 29	1	
1	30	30	2	Roshodés.
2	Éloul. 1	Ramadhan. 1	3	Roshodés. Ce mois entier est consacré
3	2	2	4	au jeûne; il n'est permis de manger
4	3	3	5	*Jour d'assemblée,*
5	4	4	6	Sabbath. — qu'après le coucher du soleil.
6	5	5	7	
7	6	6	8	
8	7	7	9	Dédicace des murs de Jérusalem par Né-
9	8	8	10	hémie.
10	9	9	11	
11	10	10	12	*Jour d'assemblée.*
12	11	11	13	Sabbath.
13	12	12	14	
14	13	13	15	
15	14	14	16	
16	15	15	17	*Fête dans laquelle le sultan et sa suite vien-*
17	16	16	18	*nent baiser la robe de Mahomet, enfer-*
18	»17	17	19	*Jour d'assemblée,* — mée toute l'année dans
19	18	18	20	Sabbath. — 40 sacs des étoffes les
20	19	19	21	plus riches.
21	20	20	22	» Fête pour l'expulsion des Grecs, qui em-
22	21	21	23	pêchaient les Hébreux de se marier.
23	22	22	24	
24	23	23	25	
25	24	24	26	*Jour d'assemblée.*
26	25	25	27	Sabbath.
27	26	26	28	
28	27	27	29	*Leilet-el-Cadr* (nuit de la toute-puissance,
29	28	28	30	pendant laquelle le Prophète reçut la 1re révélat.) On y fait voir une de ses dents.

CALENDRIERS SOLAIRES.				JOURS de la semaine.	OCTOBRE. À FÊTES ET SAINTS.	LEVER du Soleil.	COUCHER du Soleil.	Temps moyen au midi vrai.
Romain	Julien.	Répub.	Grégor			H. '	H. '	H. ' "
Oct. Cal.	Sept. 19	Vend 10	1	Mer.	◉ s. Remy.	6. 1	5.38	11.49.38
VI	20	11	2	Jeu.	s. Léger.	6. 2	5.36	11.49.19
V	21	12	3	Ven.	s. Cyprien.	6. 4	5.34	11.49. 1
IV	22	13	4	Sam.	s. Franc.	6. 5	5.32	11.48.43
III	23	14	5	Dim.	XXIᵉ a. Pent	6. 7	5.30	11.48.25
II	24	15	6	Lun.	s. Bruno.	6. 8	5.27	11.48. 7
Non.	25	16	7	Mar.	s. Serge.	6.10	5.25	11.47.50
VIII	26	17	8	Mer.	◑ ste Brigi.	6.11	5.23	11.47.34
VII	27	18	9	Jeu.	s. Denis.	6.13	5.21	11.47.17
VI	28	19	10	Ven.	s. Paulin.	6.14	5.19	11.47. 1
V	29	20	11	Sam.	s. Nicaise.	6.16	5.17	11.46.46
IV	30	21	12	Dim.	XXIIᵉ a. Pen	6.17	5.15	11.46.31
III	Octobre. 1	22	13	Lun.	s. Théoph.	6.19	5.13	11.46.17
II	2	23	14	Mar.	s. Calixte.	6.20	5.11	11.46. 3
Ides.	3	24	15	Mer.	◉ ste Thérè.	6.22	5. 9	11.45.49
XVII	4	25	16	Jeu.	s. Gal, abb.	6.23	5. 7	11.45.37
XVI	5	26	17	Ven.	s. Cerbonei	6.25	5. 5	11.45.24
XV	6	27	18	Sam.	s. Luc.	6.26	5. 3	11.45.13
XIV	7	28	19	Dim.	XXIIIᵉ a.P.	6.28	5. 1	11.45. 2
XIII	8	29	20	Lun.	s. Caprais.	6.29	5. 0	11.44.51
XII	9	30	21	Mar.	ste Ursule.	6.31	4.58	11.44.42
XI	10	Brumaire. 1	22	Mer.	s. Jules.	6.33	4.56	11.44.33
X	11	2	23	Jeu.	◒ s. Hilair.	6.34	4.54	11.44.24
IX	12	3	24	Ven.	s. Magloire	6.36	4.52	11.44.17
VIII	13	4	25	Sam.	s. Crépin.	6.37	4.50	11.44.10
VII	14	5	26	Dim.	XXIVᵉ a. P.	6.39	4.48	11.44. 4
VI	15	6	27	Lun.	s. Hilarion.	6.41	4.47	11.43.58
V	16	7	28	Mar.	s. Sim. s. J.	6.42	4.45	11.43.54
IV	17	8	29	Mer.	s. Faron.	6.44	4.43	11.43.50
III	18	9	30	Jeu.	◉ s. Lucain.	6.45	4.42	11.43.47
II	19	10	31	Ven.	s. Quentin.	6.47	4.40	11.43.44

Age de la Lune.	CALENDRIERS LUNAIRES.		Calend. grég.	DÉSIGNATION DES FÊTES RELIGIEUSES pour LES ISRAÉLITES OU *les mahométans.*
	Hébraï.	Hégire.		
1	29	Ram. 29	1	
2	Thischri 1	30	2	Roshodès, Ros-Haschana, premier jour
3	2	Schoual 1	3	*Jour d'assemblée.* ‖ de l'année civile; fête
4	3	2	4	Sabbath. ‖ des trompettes en mé
5	4	3	5	Jeûne pʳ la mort ‖ moire de la création
6	5	4	6	de Godolias. ‖ du monde.
7	6	5	7	◉ *Grand Beyram; clôture du jeûne de Ra-*
8	7	6	8	*madhan; mois de l'accouplement des cha-*
9	8	7	9	*meaux.*
10	9	8	10	*Jour d'assemblée.*
11	10	9	11	Sabbath. Quippur, fête des expiations; le
12	11	10	12	seul jour de l'année où le grand prêtre
13	12	11	13	pût entrer dans le Saint des Saints pour
14	13	12	14	y demander pardon à Dieu de toutes les
15	14	13	15	fautes commises par le peuple.
16	15	14	16	Souccot, fête des Tabernacles; dure 9 jours.
17	16	15	17	*Jour d'assemblée.*
18	17	16	18	Sabbath. = *Bataille d'Ohod ; Mahomet*
19	18	17	19	*défend Médine contre les idolâtres.*
20	19	18	20	Tecufa ou Quatre-Temps.
21	20	19	21	
22	21	20	22	*La lune coupée par le Prophète.* = Le grand
23	22	21	23	Hosanna; on fait 7 fois le tour de l'autel.
24	23	22	24	*Jour d'ass.* = Dᵉʳ j. de la fête des Tabern.
25	24	23	25	Sabbath. Le Pentateuque divisé en 54 sec-
26	25	24	26	tions. On lit à ce sabbath la première sec-
27	26	25	27	tion, les autres se lisent dans les autres
28	27	26	28	jours de sabbath.
29	28	27	29	
30	29	28	30	
1	30	29	31	Roshodès, = *Jour d'assemblée.*

(Hébraï : Thischri, 1ᵉʳ mois de l'année civile 5606. — Hégire : Ram., Schoual.)

Romain	Julien	Répub.	Crégor	JOURS de la semaine	NOVEMB. FÊTES ET SAINTS	LEVER du Soleil	COUCHER du Soleil	Temps moyen au midi vrai
Nov.	Oct.	Bru.				H. '	H. '	H. ' "
Cal.	20	11	1	Sam.	TOUSSAIN	6.49	4.38	11.43.43
IV	21	12	2	Dim.	xxve a. P.	6.50	4.37	11.43.42
III	22	13	3	Lun.	s. Marcel.	6.52	4.35	11.43.42
II	23	14	4	Mar.	s. Charles.	6.53	4.33	11.43.43
Non.	24	15	5	Mer.	ste Bertile.	6.55	4.32	11.43.45
VIII	25	16	6	Jeu.	☽ s. Léona.	6.57	4.30	11.43.47
VII	26	17	7	Ven.	s. Florent.	6.58	4.29	11.43.50
VI	27	18	8	Sam.	s. Godefroy	7. 0	4.27	11.43.54
V	28	19	9	Dim.	xxvie a. P.	7. 1	4.26	11.43.59
IV	29	20	10	Lun.	s. Léon.	7. 3	4.25	11.44. 5
III	30	21	11	Mar.	s. Martin.	7. 5	4.23	11.44.12
II	31	22	12	Mer.	s. René.	7. 6	4.22	11.44.19
Ides.	Novembre. 1	23	13	Jeu.	s. Brice.	7. 8	4.21	11.44.28
XVIII	2	24	14	Ven.	● s. Maclou	7. 9	4.19	11.44.37
XVII	3	25	15	Sam.	s. Eugène.	7.11	4.18	11.44.47
XVI	4	26	16	Dim.	xxviie a. P.	7.12	4.17	11.44.58
XV	5	27	17	Lun.	s. Aignan.	7.14	4.16	11.45. 9
XIV	6	28	18	Mar.	ste Aude.	7.16	4.15	11.45.22
XIII	7	29	19	Mer.	ste Elisabet	7.17	4.13	11.45.39
XII	8	30	20	Jeu.	s. Edmond.	7.19	4.12	11.45.49
XI	9	Frimaire. 1	21	Ven.	P. de la V.	7.20	4.11	11.46. 4
X	10	2	22	Sam.	☽ ste Cécile	7.22	4.11	11.46.20
IX	11	3	23	Dim.	xxviiie a. P	7.23	4.10	11.46.37
VIII	12	4	24	Lun.	s. Severin.	7.25	4. 9	11.46.54
VII	13	5	25	Mar.	ste Catherin	7.26	4. 8	11.47.12
VI	14	6	26	Mer.	ste Gen. d'A	7.28	4. 7	11.47.31
V	15	7	27	Jeu.	s. Virgile.	7.29	4. 7	11.47.51
IV	16	8	28	Ven.	s. Sosthène.	7.30	4. 6	11.48.12
III	17	9	29	Sam.	● s. Saturn.	7.32	4. 5	11.48.33
II	18	10	30	Dim.	1er de l'Av	7.33	4. 5	11.49.17

Âge de la Lune	Hébrai.	Hégire	Calend. grég.	DÉSIGNATION DES FÊTES RELIGIEUSES pour LES ISRAÉLITES ou *les mahométans.*
	Mar cschevan.	Dzoulcada.		
2	1	1	1	SABBATH. ROSHODÈS. = *Mois du repos, relativement au mois suivant.*
3	2	2	2	
4	3	3	3	
5	4	4	4	
6	5	5	5	
7	6	6	6	Jedne* en souvenir des malheurs de Sédé-
8	7	7	7	*Jour d'assemblée.* || cias et de ses fils.
9	8	8	8	SABBATH.
10	9	9	9	
11	10	10	10	
12	11	11	11	
13	12	12	12	
14	13	13	13	
15	14	14	14	*Jour d'assemblée.*
16	15	15	15	SABBATH.
17	16	16	16	
18	17	17	17	
19	18	18	18	
20	19	19	19	
21	20	20	20	
22	21	21	21	*Jour d'assemblée.*
23	22	22	22	SABBATH.
24	23	23	23	
25	24	24	24	
26	25	25	25	
27	26	26	26	
28	27	27	27	
29	28	28	28	*Jour d'assemblée.*
1	29	29	29	SABBATH.
2	1	30	30	ROSHODÈS.

Calendriers solaires — Décembre

Romain (Déc.)	Julien (Nov.)	Répub. (Frim)	Grégor.	Jours de la semaine	DÉCEMB. Fêtes et Saints	Lever du Soleil	Coucher du Soleil	Temps moyen au midi vrai
						H. ′	H. ′	H. ′ ″
Cal.	19	11	1	Lun.	s. Éloi.	7,34	4. 4	11.49.17
IV	20	12	2	Mar.	s. Fr. Xavier	7,36	4. 3	11.49.40
III	21	13	3	Mer.	s. Fulgence.	7,37	4. 3	11.50. 4
II	22	14	4	Jeu.	ste Barbe.	7,38	4. 3	11.50.28
Non.	23	15	5	Ven.	s. Sabas.	7,39	4. 2	11.50.53
VIII	24	16	6	Sam.	☽ s. Nicol.	7,41	4. 2	11.51.19
VII	25	17	7	Dim.	IIe de l'Av.	7,42	4. 2	11.51.45
VI	26	18	8	Lun.	CONCEPTIO	7,43	4. 1	11.52.11
V	27	19	9	Mar.	ste Léocad.	7,44	4. 1	11.52.38
IV	28	20	10	Mer.	ste Valère.	7,45	4. 1	11.53. 5
III	29	21	11	Jeu.	s. Juscien.	7,46	4. 1	11.53.32
II	30	22	12	Ven.	s. Damase.	7,47	4. 1	11.54. 0
Ides.	1	23	13	Sam.	● ste Luce.	7,48	4. 1	11.54.29
XIX	2	24	14	Dim.	IIIe del'Av.	7,49	4. 1	11.54.57
XVIII	3	25	15	Lun.	s. Mesmin.	7,49	4. 1	11.55.26
XVII	4	26	16	Mar.	ste Adélaïd.	7,50	4. 2	11.55.55
XVI	5	27	17	Mer.	IV Temps.	7,51	4. 2	11.56.25
XV	6	28	18	Jeu.	s. Victor.	7,52	4. 2	11.56.54
XIV	7	29	19	Ven.	s. Nemèze.	7,52	4. 3	11.57.22
XIII	8	30	20	Sam.	s. Florentin	7,53	4. 3	11.57.54
XII	9	1	21	Dim.	☾ IVe del'A.	7,53	4. 3	11.58.24
XI	10	2	22	Lun.	s. Ischirion.	7,54	4. 4	11.58.54
X	11	3	23	Mar.	ste Victoire	7,54	4. 5	11.59.24
IX	12	4	24	Mer.	s. Yves.	7,55	4. 5	11.59.54
VIII	13	5	25	Jeu.	NOËL.	7,55	4. 6	0. 0.24
VII	14	6	26	Ven.	s. Étienne.	7,55	4. 7	0. 0.54
VI	15	7	27	Sam.	s. Jean l'év.	7,56	4. 7	0. 1.24
V	16	8	28	Dim.	● ss. Innoc	7,56	4. 8	0. 1.53
IV	17	9	29	Lun.	s. Saturnin.	7,56	4. 9	0. 2.23
III	18	10	30	Mar.	ste Colomb.	7,56	4.10	0. 2.52
II	19	11	31	Mer.	s. Sylvestre.	7,56	4.11	0. 3.21

(Colonne Julien : Novembre puis *Décembre.* — Colonne Répub. : Frimaire puis *Nivôse.*)

Calendriers lunaires — Désignation des fêtes religieuses pour les Israélites ou les mahométans

Âge de la Lune	Hébrai.	Hégire.	Calend. grég.	Désignation des fêtes religieuses
3	2	1	1	*Mois du pèlerinage à la Mecque instituée longtemps avant Mahomet.*
4	3	2	2	
5	4	3	3	
6	5	4	4	
7	6	5	5	*Jeûne en souvenir du livre de Jérémie déchiré et brûlé.* = *Jour d'assemblée.*
8	7	6	6	SABBATH. Mort d'Hérode.
9	8	7	7	
10	9	8	8	*Le Prophète demande à jouir de la vue de Dieu.*
11	10	9	9	
12	11	10	10	*Fête du sacrifice à la Mecque; c'est le petit Beyram, il dure quatre jours.*
13	12	11	11	
14	13	12	12	*Jour d'assemblée.*
15	14	13	13	SABBATH. = *Fin du petit Beyram.*
16	15	14	14	
17	16	15	15	
18	17	16	16	
19	18	17	17	
20	19	18	18	*Fête de l'étang près duquel Mahomet embrassa son cousin et gendre Aly.*
21	20	19	19	*Jour d'assemblée.*
22	21	20	20	SABBATH.
23	22	21	21	
24	23	22	22	*Fête de la paix entre Mahomet et les Arabes.*
25	24	23	23	
26	25	24	24	*Fête de la dédicace du Temple par les Machabées, et mémoire de la victoire qu'ils remportèrent sur Antiochus, 128 ans avant Jésus-Christ.*
27	26	25	25	
28	27	26	26	*Jour d'assemblée.*
29	28	27	27	SABBATH.
30	29	28	28	
1	30	29	29	ROSHODÈS.
2	1	1	30	ROSHODÈS.
3	2	2	31	☾ *Aly remet sa bague à un pauvre.*

(Colonne Hébrai. : *Kisleu.* puis *Tebeth.* — Colonne Hégire. : *Dzoulhedgé.* puis *Moharram 1262.*)

Signes du Zodiaque.

0 ♈ le Bélier, *Aries.*	6 ♎ la Balance, *Libra.*
1 ♉ le Taureau, *Taur.*	7 ♏ le Scorpion, *Scorp.*
2 ♊ les Gémeaux, *Gem.*	8 ♐ le Sagittaire, *Sagit.*
3 ♋ l'Écrevisse, *Cancer.*	9 ♑ le Capricorne, *Cap.*
4 ♌ le Lion, *Leo.*	10 ♒ le Verseau, *Aquar.*
5 ♍ la Vierge, *Virgo.*	11 ♓ les Poissons, *Pisces.*

La Lune, *satellite de la terre.*

Signes des Planètes,
rangées suivant leur distance du soleil.

Figures des lunaisons.

☿ Mercure	⚵ Junon.	◉ Nouvelle lune.
♀ Vénus.	⚶ Vesta.	☽ Prem. quartier.
♁ Terre.	♃ Jupiter.	◍ Pleine lune.
♂ Mars.	♄ Saturne.	☾ Dern. quartier
⚳ Cérès.	♅ Uranus.	
⚴ Pallas.		

Mois du Calendrier hébraïque légal.

L'année hébraïque 5605 est *défectueuse* et *embolismique ;* elle se compose de 383 jours, elle a commencé le samedi 14 septembre 1844, et finira le mercredi 1er octobre 1845.

Thischri 5605...	30 jours.	Nisan...........	30 jours.
Mareschevan....	29	Jyar...........	29
Kisleu..........	29	Sivan..........	30
Tebeth.........	29	Thammuz.......	29
Schebath.......	30	Ab.............	30
Adar...........	30	Elul...........	29
Veadar.........	29		

Mois du Calendrier de l'Hégire.

L'année 1261 de l'hégire, la 1re du cycle, est *abondante ;* elle a 355 jours ; elle commencera le vendredi 10 janvier 1845, et finira le lundi 29 décembre 1845.

Moharram 1261..	30 jours.	Redjeb..........	30 jours.
Sefer..........	29	Schaban........	29
Rabié I........	30	Ramadhan.......	30
Rabié II.......	29	Schoual........	29
Gioumada I.....	30	Dzoulcada......	30
Gioumada II....	29	Dzoulhedgé.....	30

RÈGLEMENT

DE LA

SOCIÉTÉ DE L'HISTOIRE DE FRANCE.

TITRE PREMIER.

But de la Société.

Art. 1er. Une société littéraire est instituée, sous le nom de Société de l'Histoire de France.

Art. 2. Elle se propose de publier :

1° Les documents originaux relatifs à l'histoire de France, pour les temps antérieurs aux États généraux de 1789 ;

2° Des traductions de ces mêmes documents, lorsque le Conseil le jugera utile ;

3° Un compte rendu annuel de ses travaux et de sa situation ;

4° Un Annuaire.

Art. 3. Toutes les publications de la Société sont délivrées *gratis* à ses membres.

Art. 4. Elle entretient des relations avec les savants qui se livrent à des travaux analogues aux siens ; elle nomme des associés correspondants parmi les étrangers.

TITRE II.

Organisation de la Société.

Art. 5. Le nombre des membres de la Société est illimité. On en fait partie après avoir été admis par le Conseil, sur la présentation faite par un des sociétaires.

Art. 6. Chaque sociétaire paie une souscription annuelle de TRENTE FRANCS.

Art. 7. Les sociétaires sont convoqués au moins une fois l'an, au mois de mai, pour entendre un rapport sur les travaux de la Société et sur l'emploi de ses fonds, ainsi que pour le renouvellement des membres du Conseil.

TITRE III.

Organisation du Conseil.

Art. 8. Le Conseil se compose de quarante membres, parmi lesquels sont choisis :

Un président,
Un président honoraire,
Deux vice-présidents,
Un secrétaire,
Un secrétaire adjoint,
Un archiviste,
Un trésorier.

Art. 9. Les membres du Conseil, à l'exception du président honoraire, sont renouvelés par quart, à tour de rôle, chaque année. Le sort désignera, les premières années, ceux qui devront sortir; les membres sortants peuvent être réélus. Le secrétaire continuera ses fonctions pendant quatre ans.

Art. 10. L'élection des membres du Conseil a lieu à la majorité absolue des suffrages des membres présents.

Art. 11. Le Conseil nomme chaque année un comité des fonds, composé de trois de ses membres.

Il nomme aussi des commissions spéciales.

Les nominations sont faites au scrutin. La présidence appartient à celui qui réunit le plus de suffrages.

Art. 12. L'assemblée générale nomme chaque année deux censeurs chargés de vérifier les comptes et de lui en faire un rapport.

Art. 13. Le Conseil est chargé de la direction des travaux qui entrent dans le plan de la Société, ainsi que de l'administration des fonds.

Les décisions du Conseil pour l'emploi des fonds ne pourront être prises qu'en présence de onze membres au moins, et à la majorité des suffrages.

Art. 14. Le Conseil désigne les ouvrages à publier, et choisit les personnes les plus capables d'en préparer et d'en suivre la publication.

Il nomme, pour chaque ouvrage à publier, un

commissaire responsable , chargé d'en surveiller l'exécution.

Le nom de l'éditeur sera placé à la tête de chaque volume.

Aucun volume ne pourra paraître sous le nom de la Société sans l'autorisation du Conseil, et s'il n'est accompagné d'une déclaration du commissaire responsable, portant que le travail lui a paru mériter d'être publié.

Art. 15. Le Conseil règle les rétributions à accorder à chaque éditeur.

Le commissaire responsable aura droit à cinq exemplaires de l'ouvrage à la publication duquel il aura concouru.

Art. 16. Tous les volumes porteront l'empreinte du sceau de la Société. Après la distribution gratuite faite aux membres de la Société (art. 3), les exemplaires restants seront mis dans le commerce aux prix fixés par le Conseil.

Art. 17. Le Conseil se réunit en séance ordinaire au moins une fois par mois.

Tous les sociétaires sont admis à ses séances.

Art. 18. Nulle dépense ne peut avoir lieu qu'en vertu d'une délibération du Conseil.

Art. 19. Les délibérations du Conseil portant autorisation d'une dépense sont immédiatement transmises au comité des fonds par un extrait signé du secrétaire de la Société.

Art. 20. Le comité des fonds tient un registre

dans lequel sont énoncées au fur et à mesure les dépenses ainsi autorisées, avec indication de l'époque à laquelle leur paiement est présumé devoir s'effectuer.

Le comité des fonds tient un registre dans lequel sont inscrits tous ses arrêtés portant mandat de paiement.

ART. 21. Le Conseil se fera rendre compte tous les trois mois au moins de l'état des impressions, ainsi que des autres travaux de la Société.

ART. 22. Le comité devra se faire remettre, dans le cours du mois qui précédera la séance où il doit faire son rapport, tous les renseignements qui lui seront nécessaires.

ART. 23. Les dépenses seront acquittées par le trésorier, sur un mandat du président du comité des fonds, accompagné des pièces de dépense dûment visées par lui; ces mandats rappellent les délibérations du Conseil par lesquelles les dépenses ont été autorisées.

Le trésorier n'acquitte aucune dépense si elle n'a été préalablement autorisée par le Conseil, et ordonnancée par le comité des fonds.

ART. 24. Le comité des fonds et le trésorier s'assemblent une fois par mois.

ART. 25. Tous les six mois, en septembre et en mars, le comité des fonds fait, d'office, connaître la situation réelle de la caisse, en indiquant les sommes qui s'y trouvent et celles dont elle est grevée.

Le même comité présentera au Conseil, dans les premiers mois de l'année, l'inventaire des exemplaires des ouvrages imprimés existant dans le fonds de la Société.

Art. 26. A la fin de l'année, le trésorier présente son compte au comité des fonds, qui, après l'avoir vérifié, le soumet à l'assemblée générale, pour être arrêté et approuvé par elle.

La délibération de l'assemblée générale sert de décharge au trésorier.

LISTE DES MEMBRES

DE LA

SOCIÉTÉ DE L'HISTOIRE DE FRANCE,

EN AOUT 1844.

MM.

AFFRY DE LA MONNOYE (Alfred d'), [325], rue des Fossés-Saint-Victor, n° 37.

AMPÈRE (J.-J.), [33], ✳ membre de l'Institut, professeur de littérature française au Collége de France, rue de Grenelle Saint-Germain, n° 52.

ANISSON-DUPERRON, [529], rue d'Anjou Saint-Honoré, n° 43.

ANSART (Félix), [344], ✳ professeur d'histoire, rue de la Harpe, n° 102.

ARDANT (Maurice), [378], à Limoges (Haute-Vienne); corresp. M. Renouard et Cie, rue de Tournon, n° 6.

ARNAUD (l'abbé), [496], curé de la Ville-Dubois, près Linas (Seine-et-Oise); corresp. M. d'Ortigues, rue Saint-Lazare, n° 34.

ARTH (Louis), [519], avocat, rue des Saints-Pères, n° 71, à Paris, et à Saverne (Bas-Rhin).

AUBINEAU (Léon), [376], archiviste du dép. d'Indre-et-Loire, à Tours; corresp. M. Derache, libraire, rue du Bouloi, n° 7.

AUDENET, [310], banquier, rue du Faubourg-Poissonnière, n° 19.

AUDIFFRET (le marquis d'), [473], C. ✳ pair de France, rue Saint-Honoré, n° 387.

Audiffret (le comte d'), [534], receveur général du département de la Côte-d'Or, à Dijon; corresp. à Paris, M. Paul David, rue de Sèvres, n° 19.

Bailleul [283], inspecteur en chef de l'Imprimerie et de la Librairie, rue Cassette, n° 35.

Balaresque (Charles), [495], à Bordeaux; corresp. à Paris, M. Paul David, rue de Sèvres, n° 19.

Barante (baron de), [4], G. O. ✳ pair de France, membre de l'Institut, ambassadeur de France à Saint-Pétersbourg ; à Paris, rue d'Anjou Saint-Honoré, n° 41; corresp. M. Bellaguet, rue Madame, n° 8 *bis*.

Barbier, [595] à [600], pour les Bibliothèques du Roi.

Barrois, [185], ✳ rue des Pyramides, n° 6.

Barthès (Pierre), [526], libraire à Londres ; corresp. MM. Belizart, Dufour et compagnie, libraires, rue de Verneuil, n° 1.

Bataillard (Paul), [336], ancien élève de l'École des Chartes, rue Jacob, n° 21 *bis*.

Bataillard (Charles), [339], avocat, rue du Sentier, n° 14.

Baudet [602], licencié en droit, rue Notre-Dame-de-Lorette, n° 13.

Bayard, [420], ✳ rue Louis-le-Grand, n° 31.

Bazin, [256], ✳ rue Neuve-des-Mathurins, n° 32.

Beaulieu, [174], de la Société des Antiquaires de France, rue du Cherche-Midi, n° 13.

Belin (Jules), [358], avocat, rue de la Harpe, n° 85.

Bellaguet, [346], chef du bureau des travaux historiques au ministère de l'instruction publique, rue Madame, n° 8 *bis*.

Bellenave (le marquis de), [412], au château de

Bellenave (Allier); corresp. M. de Guilhermy, rue d'Alger, n° 6.

BERGER DE XIVREY, [144], membre de l'Institut, rue Saint-Germain-des-Prés, n° 15.

BERNARD DE LA FORTELLE, [324], maire de Melun; à Paris, rue de Condé, n° 18.

BERTIN (Armand), [21], rue de l'Université, n° 11.

BEUGNOT (comte Arthur), [7], ✳ pair de France, membre de l'Institut, rue de Vaugirard, n° 54.

BILLEQUIN, [484], avocat, rue Saint-André-des-Arcs, n° 35.

BLOSSEVILLE (DE), [213], rue de Louvois, n° 4.

BOISMILON (DE), [164], ✳ secrétaire des commandements de S. A. R. le comte de Paris, aux Tuileries, pavillon de Marsan.

BONDY (Émile TAILLEPIED DE), [462], rue de Choiseul, n° 7.

BONNE (DE), [311], avocat à Bruxelles; corresp. M. Whitmall, à Saint-Germain-en-Laye.

BONNIN, [220], ancien notaire à Évreux.

BORDIER, [381], rue Neuve-de-Luxembourg, n° 8.

BOREL D'HAUTERIVE (André), [460], avocat, rue Bleue, n° 28.

BOTTÉE DE TOULMON [233], ✳ bibliothécaire du Conservatoire de Musique, rue des Saints-Pères, n° 5.

BOUCHITTÉ [579], professeur au collége royal de Versailles, avenue de Paris, n° 3.

BOUILLÉ (le comte René DE), [281], ✳ ancien ministre plénipotentiaire de France à Carlsruhe, à Paris, rue de la Pépinière, n° 54.

BOULEZ, [133], à Nogent-le-Rotrou (Eure-et-Loir); corresp. M. J. Desnoyers, rue Cuvier, n° 35.

BOUVIER (Amédée), [260], rue Colbert, n° 6.

Brière (de), [435], ✴ rue Jacob, n° 22.

Brochant de Villiers [605], avocat, rue Saint-Dominique Saint-Germain , n° 73.

Broglie (duc de), [491] , G. C. ✴ pair de France , membre de l'Institut , rue de l'Université , n° 90.

Bruneel (Henry) , [544], secrétaire de la commission historique du dép. du Nord , rue de l'Hôpital-Militaire, à Lille (Nord).

Brunet (Gustave), [377], à Bordeaux ; corresp. M. Paul David , rue de Sèvres, n° 19.

Burdin (Gustave de), [621], archiviste du département de la Lozère, à Mende (Lozère).

Busch , [359], ✴ ancien directeur de la réserve de Paris , rue des Saints-Pères , n° 5.

Busserolles (Charles), [581], rue du Mont-Thabor, n° 5.

Bussierre (de), [607], ✴ pair de France, rue de Londres , n° 28.

Cabany aîné (Marie J.-B.), [287] , ancien magistrat, rue des Vieilles-Andriettes, n° 6.

Cadet-Gassicourt, [39], ✴ juge au tribunal de première instance du département de la Seine, rue Taitbout , n° 14.

Cailleux (Alphonse de) , [464], O. ✴ directeur des Musées royaux, au Musée, place du Louvre.

Canel (A.), [293], à Pont-Audemer (Eure); corresp. M. Dumoulin, libraire, quai des Augustins, n° 13.

Cantu (César), [563], rue Royale , n° 27 ; et à Milan , correspond. M. Firmin Didot, rue Jacob, n° 56.

Carné (de), [513], membre de la Chambre des Députés, rue Jacob, n° 35.

Carrey, [571], bibliothécaire de la Chambre des Pairs,

au palais du Luxembourg. Pour la Bibliothèque de la Chambre des Pairs.

CAUMONT (DE), [132], ✳ correspondant de l'Institut, secrétaire honoraire de la Société des Antiquaires de Normandie à Caen; corresp. M. Derache, libraire, rue du Bouloy, nº 7.

CAYROL (DE), [178], ✳ à Compiègue; corresp. M. Ravenel, rue Colbert, nº 6.

CHABRILLAN (Charles-Fortuné-Jules Guigues DE MORETON, comte DE), [252], chef d'escadron, rue de la Ville-l'Évêque, nº 33.

CHABRILLAN (Alfred-Philibert-Victor-Guigues DE MORETON, marquis de), [356], pair de France, rue de l'Université, nº 67.

CHAIS, [507], président de la Cour royale de Montpellier; corresp. M. Fremont Garnier, rue S.-Hyacinthe-Saint-Honoré, nº 12.

CHANTPIE (Jules) [592], rue Saint-George, nº 13.

CHASLES (Ad.), [469], ✳ membre de la Chambre des Députés, maire de Chartres; à Paris, rue de Londres, nº 52.

CHASTELLUX (comte Alfred DE), [263], O. ✳ rue Richepanse, nº 1.

CHATEAUBRIAND (vicomte DE), [540], membre de l'Académie française, rue du Bac, nº 112.

CHATEAUGIRON (Hippolyte, marquis DE), [405], O. ✳ consul de France à Nice; corresp. M. Duchesne aîné, rue Neuve-des-Petits-Champs, nº 12.

CHAUFFOUR (Ignace), [374], à Colmar.

CHAZELLES (Léon DE), [197], rue Saint-Dominique, nº 23.

CISTERNE (le prince DE LA), [72], rue de Poitiers, nº 8.

CLAUDE, [417], attaché à la Bibliothèque royale, rue des Filles du Calvaire, n° 18.

CODIANCHI (le chevalier G.), [564], place de la Madeleine, n° 1.

COCHRANE, [558], directeur de London library, à Londres.

COLLOT, [45], ✳ directeur de la Monnaie, quai d'Orsay, n° 31.

COMBETTES LA BOURELIE (DE), [444], à Gaillac (Tarn); à Paris, chez M. Adolphe Cossigny, ancien officier de cavalerie, rond-point des Champs-Élysées, n° 14.

CONTENSIN, [536], secrétaire général de la préfecture du Nord, à Lille; corresp. M. Chamerot, libraire, quai des Augustins, n° 35.

COOPER (Charles-Purton), Esq., [186], avocat, secrétaire de la commission des Archives d'Angleterre, à Londres; corresp. M. Teulet, quai de la Cité, n° 23.

COULON, [258], rue du Rocher, n° 52.

COURMONT (Henri), [437], boulevard des Capucines, n° 7.

COUSIN (Victor), [593], ✳ pair de France, membre de l'Institut, à la Sorbonne.

CRAON (Edmond DE BEAUVEAU, prince DE), [46], rue Neuve-des-Mathurins, n° 60.

CRAPELET (Charles), [399], imprimeur, rue de Vaugirard, n° 9.

CRESTIN (Jules), [609], à Besançon, corresp., à Paris, M. Jules Guichard, rue Taranne, n° 14.

CUNIN (Charles), [154], O. ✳ manufacturier, à Sedan (Ardennes).

CURIAL (le comte), [47], G. O. ✳ pair de France, à Alençon (Orne).

DACIER (Edme), [353], rue Saint-Dominique-d'Enfer, n° 10.

Darras, [387], ✳ receveur général à Angoulême (Charente); corresp. M. Crapelet, rue de Vaugirard, n° 9.

David (Paul-J.), [219], ✳ rue de Sèvres, n° 19.

Debure aîné, [182], ancien libraire, rue Serpente,

Debure (Laurent), [286], libraire, rue du Battoir, n° 7. n° 19.

Decazes (le duc), [419], G. O. ✳ pair de France, grand-référendaire de la Chambre des Pairs, au palais du Luxembourg.

Delacour (Auguste), [506], professeur au collège de Moulins, à Champfeu, près Moulins ; corresp. M. Alfred de Roissy, rue Montholon, n° 18.

Delacour (Charles), [538], lieutenant au 20e rég. d'infanterie de ligne à Grenoble ; corresp. M. Alfred de Roissy, rue Montholon, n° 18.

De Lafons, baron de Melicocq, [553], au château de Douvrin près la Bassée (Nord).

Delaroche (Paul), [218], O. ✳ peintre, membre de l'Institut, rue de la Tour-des-Dames, n° 7.

De La Ville de Mirmont, [463], O. ✳ maître des requêtes, inspecteur général des prisons, rue de Seine, n° 10.

Delécluze, [524], rue Chabannais, n° 1.

Delessert (François), [277], O. ✳ membre de la Chambre des Députés, rue Montmartre, n° 176.

Delessert (Gabriel), [612], C. ✳ pair de France, conseiller d'État, préfet de police, hôtel de la préfecture de police.

Densjoy (P.), [624], sous-préfet à Londéac (Côtes-du-Nord); corresp., à Paris, M. le comte de Salvandy, rue Cassette, n° 30.

Des Fuisseaux, [552], avocat à Mons ; corresp. M. Delay, libraire, rue Tronchet, n° 2.

Desjobert, [401], membre de la Chambre des Députés, rue Saint-Guillaume, n° 18.

Desmeloizes (Émile), [619], rue Grange-Batelière, n° 15.

Desnoyers (Jules), [23], ✳ bibliothécaire du Muséum d'Histoire naturelle, au Jardin du Roi, rue Cuvier, n° 35.

Détapes, [580], rue Chabannais, n° 6.

Dibon (Paul), [362], de Louviers; à Paris, rue de la Ferme-des-Mathurins, n° 56.

Didot (Ambroise-Firmin), [302], ✳ imprimeur-libraire, rue Jacob, n° 56.

Donnadieu (Alcide L.-X.), [551], à Londres; corresp. M. Feuillet de Conches, rue de la Ferme-des-Mathurins, n° 17.

Dovergne fils, [369], bibliothécaire de la ville, à Hesdin.

Drouyn de Lhuis, [511], directeur des affaires commerciales au ministère des affaires étrangères, rue Louis-le Grand, n° 31.

Ducas, [208], rue Neuve-des-Petits-Champs, n° 31.

Duchesne aîné, [163], ✳ conservateur-trésorier de la Biblioth. royale, rue Neuve-des-Petits-Champs, n° 12.

Dudon (le baron), [433], ✳ rue du Helder, n° 19.

Dufau, [550], directeur de l'Institution des Jeunes Aveugles, boulevard des Invalides.

Durand de Lançon, [313], à Béthune (Pas-de-Calais); corresp. M. Duprat, libraire, cloître Saint-Benoît.

Dureau de Lamalle, [24], ✳ membre de l'Institut, rue de La Rochefoucauld, n° 11.

Dusevel (H.), [151], avocat, membre de la Société des Antiquaires de France, à Amiens (Somme); corresp. M. l'abbé Du Quesnay, rue de la Planche, n° 16.

Dutems (Albert), [55], ✳ sous-préfet à Abbeville, mem-

bre de la Société royale d'Abbeville, etc.; corresp.
M. Renouard, rue de Tournon, n° 6.

Egger [586], agrégé de la Faculté des Lettres, rue de
l'Odéon, n° 36.

Etienne (Gallois), [521], rue de Vaugirard, au palais
du Luxembourg.

Eyriès, [274], membre de l'Institut, du Conseil de la
Société de Géographie, rue Bourbon-Villeneuve, n° 26.

FALKEINSTEIN, [264], bibliothécaire du roi de Saxe, à
Dresde.

Favart (Charles), [227], ✳ rue Coquenard, n° 27.

Ferret (Henry), [428], à St.-Pétersbourg; corresp.
M. Sergent, rue Basse-du-Rempart de la Madeleine,
n° 18.

Feuillet de Conches (Félix), [466], O. ✳ chef du
Protocole au ministère des affaires étrangères,
rue de la Ferme-des-Mathurins, n° 17.

Fezensac (duc de Montesquiou-), [572], pair de France,
rue d'Astorg, n° 31.

Floquet, [622], ✳ avocat, rue Castellane, n° 14.

Fossé d'Arcosse (Émilien), [611], imprimeur à Sois-
sons (Aisne), corresp. à Paris, M.

Fouché (Lucien), [224], à Évreux; corresp. M. Edouard
Louis, rue Hauteville, n° 5.

Fox (Charles), [548], colonel, membre du parlement
d'Angleterre, rue des Saussaies, n° 10; corresp.
M. Allouard, successeur de M. Warée, libraire, quai
Voltaire, n° 21.

Fremyn, [25], notaire, rue de Lille, n° 11.

**

FRÈRE (Édouard), [210], libraire, à Rouen; corresp. M. Renouard, rue de Tournon, n° 6.

FRESNES (Marcellin DE), [388], ☀ ancien secrétaire de la préfecture de la Seine, rue de Grammont, n° 17.

FRÉVILLE (DE), [348], rue de Vendôme, n° 15, au Marais.

FROBERVILLE (Eugène DE), [565], rue Saint-Lazare, 1, place d'Orléans.

FULCHIRON (J.-C.), [481], ☀ membre de la Chambre des Députés, rue de Grammont, n° 17.

GADEBLED, [479], chef des Archives au ministère de l'intérieur, rue Grange-Batelière, n° 26.

GARBÉ (Charles), [485], avocat, quai Napoléon, n° 23.

GARNIER, [296], préposé aux Archives du département de la Côte-d'Or, à Dijon.

CAUCHERAUD (Hippolyte), [56], quai d'Orsay, n° 25.

GAULE (DE), [453], rue de Ménilmontant, n° 1.

GENEVOIS, [509], substitut du procureur du Roi, à Montbrison (Loire); corresp. M.

GERVILLE (DE), [155], ☀ correspondant de l'Institut et membre de la Société des Antiquaires de France, etc., à Valognes (Manche).

GINGINS DE LA SARRAZ (le baron F. DE). [240], à Lausanne; corresp. M. Cherbuliez, rue de Tournon, n° 17.

GIRAUD, de la Drôme, [569], ☀ membre de la Chambre des Députés, à Paris. rue Neuve-du-Luxembourg, n° 4, et à Romans (Drôme).

GIRAUD [614], ☀ membre de l'Institut, Académie des sciences morales et politiques, rue de la Ferme-des-Mathurins, n° 50.

Godefroy (de), [223], ✳ à Lille; à Paris, rue de Grenelle Saint-Germain, n° 42.

Golbéry (de), [202], ✳ membre de la Chambre des Députés, procureur général à la Cour royale de Besançon, à Paris, rue de Grenelle-Saint-Germain, n° 120.

Goupil (Ed.), [57], maître des requêtes au conseil d'Etat, rue Bleue, n° 11.

Grasset (E.), [591], conseiller à la Cour royale de Dijon, à Paris, chez Me Poiré, rue Saint-Lazare, n° 40, cour d'Orléans.

Gregori, [244], ✳ conseiller à la Cour royale de Lyon; corresp. M.

Grille de Beuzelin, [275], ✳ chef du bureau des Monuments historiques au ministère de l'intérieur, rue de la Paix, n° 20.

Guadet, [228], professeur, à l'Institution des Jeunes Aveugles, boulevard des Invalides.

Guérard (Benjamin), [13], ✳ membre de l'Institut, conservateur adjoint à la Bibliothèque royale, département des manuscrits, rue de La Rochefoucauld, n° 8.

Guérard (François), [152], conseiller-auditeur à la Cour royale d'Amiens (Somme).

Guessard (François), [349], à Passy, Grande-Rue, n° 83.

Guichard (Marie), [494], employé à la Bibliothèque royale, rue Taranne, n° 14.

Guilhermy (Ferdinand de), [327], rue d'Alger, n° 6.

Guizot, [1], G. C. ✳ membre de l'Institut, ministre secrétaire d'État au ministère des affaires étrangères, rue de la Ville-l'Evêque, n° 2.

Harcourt (Eugène, comte d'), [606], O. ✳ pair de France, rue Vanneau, n° 5.

HARDOUIN (Henri), [487], avoué à la Cour royale d'Amiens; corresp. M. Delorme, rue Saint-Antoine, n° 178.

HASE, [26], ✳ membre de l'Institut, conservateur de la Bibliothèque royale, département des manuscrits, rue Colbert, n° 6.

HAUSSONVILLE (le vicomte d'), [623], membre de la Chambre des Députés, rue Saint-Dominique-Saint-Germain, n° 101.

HAVET (Paul), [427], à Neufchâtel (Seine-Inférieure); corresp. M. Alfred de Roissy, rue Montholon, n° 18.

HAWKE, (P..), [539], membre de la Société des Antiquaires de l'Ouest, à Angers (Maine-et-Loire); corresp. M. Legrand, libraire, quai des Augustins, n° 59.

HEBRAIL (Casimir d'), [411], ✳ chef de division à la Chancellerie de la Légion d'Honneur, rue de Bellechasse, n° 14.

HENNEVILLE (FAUCHON D'), [322], O. ✳ inspecteur du mobilier de la Couronne, rue Bergère, n° 2.

HENNIN, [503], ✳ rue de Navarin, n° 2.

HENSCHEL, [497], rue Saint-Dominique-d'Enfer, n° 9.

HIENSON, [501], rue de Nimy, à Mons (Belgique); corresp. M. Delay, libraire, rue Tronchet, n° 2.

HOLLAND (lord), [547], pair d'Angleterre, ministre à la cour de Toscane; corresp. M.

HOUEL, [60], avocat, rue Saint-Florentin, n° 8.

HUBARD [601], avocat, à Neufchâtel (Seine-Inférieure); corresp. M. Alfred de Roissy, rue Montholon, n° 18.

HUVÉ (Jean-Jacques), [342], ✳ architecte, membre de l'Institut, rue du Helder, n° 15.

ISAMBERT [470], ✳ membre de la Chambre des Députés, conseiller à la Cour de Cassation, rue des Petits-Augustins, n° 26.

LAFONTENELLE DE VAUDORÉ (DE), [68], ✱ corresp. de
l'Institut, conseiller à la Cour royale de Poitiers,
secrétaire perpétuel de l'Académie de cette ville, à
Poitiers (Vienne).

LAGET (Tony), [382], rue d'Orléans, n° 5, au Marais.

LAGRANGE (Edouard, marquis DE), [331], ✱ membre
de la Chambre des Députés, rue de Grenelle-Saint-
Germain, n° 105.

LAHURE, [67], O. ✱ notaire honoraire, membre du
conseil général du département de la Seine, place de
l'École, n° 1.

LAHURE (Charles), [279], rue de Vaugirard, n° 9.

LALANDE, [474], ✱ secrétaire de la présidence de la
Chambre des Pairs, rue de Vaugirard, n° 31.

LAMBERT (le comte Max. DE), [69], O. ✱ sous-direc-
teur au ministère des affaires étrangères, rue Tronchet, n° . .

LANGLE (DE), [421], à Vitré (Ille-et-Vilaine).

LANJUINAIS (Eugène, comte), [366], ✱ pair de France,
rue Neuve-des-Mathurins, n° 84.

LAPERRIERE, [541], rue Laffitte, n° 33.

LA QUEUILLE (Ernest, comte DE), [304], ✱ barrière
Saint-Denis, pavillon de l'octroi.

LA SAUSSAYE (DE), [173], avocat, correspondant de
l'Institut, rue des Saints-Pères, n° 38.

LASCOUX (Jean-Baptiste), [130], ✱ substitut du procureur général près la Cour royale de Paris, rue du
Bac, n° 36.

LAS MARISMAS (marquis DE), [555], rue Ville-l'Évêque, n° 30.

LATOUR (Antoine DE), [165], ✱ secrétaire des commandements de S. A. R. le duc de Montpensier, au
Palais-Royal, rue de Valois.

Laussat (baron de), [554], rue d'Angoulême, n° 15.

Laval (comte de), [440]., maître de la cour de S. M. l'Empereur de Russie, membre du conseil de l'instruction publique, à Saint-Pétersbourg.

Lavaux [589], avocat à la Cour royale de Paris, rue de l'Éperon, n° 8.

Lavillegille (Arthur de), [239], de la Société des Antiquaires de France, l'un des secrétaires du comité historique pour la publication des Monuments écrits de l'histoire de France, rue de Lille, n° 3 *bis*.

Lazane de Lazaroff (colonel), [441], à Saint-Pétersbourg.

Lebas (Philippe), [145], ✳ membre de l'Institut, maître de conférences à l'École Normale, rue de Condé. n° 30.

Lebreton (Emile), [156], rue Neuve-des-Petits-Champs, n° 51.

Lebrun, [157], juge de paix à Avise, près Épernay (Marne); corresp. M. Berton, rue du Temple, n° 22.

Le Clerc (J.-Victor), [396], O. ✳ membre de l'Institut, doyen de la Faculté des Lettres, à la Sorbonne.

Leclere (Achille), [136], ✳ architecte, membre de l'Institut, rue Caumartin, n° 37.

Leger (Emile), [616], rue de la Feuillade, n° 2.

Le Glay, [74], ✳, de l'ordre de Léopold, conservateur général des Archives du département du Nord, à Lille. Correspondant, M. Chamerot, libraire, quai des Augustins, n° 33.

Lemaire (P.-A.), [75], professeur de rhétorique au collége Bourbon, rue de Bondy, n° 22.

Lenormant (Charles), [30], ✳ membre de l'Institut conservateur de la Bibliothèque royale, départemen des médailles, rue Neuve-des-Petits-Champs, n° 12.

Lenormant (Paul), [415], substitut du procureur du Roi, à Saint-Etienne (Loire).

Lenormant (Auguste), [578], commissaire-priseur, rue de l'Échiquier, n° 5.

Le Pelletier d'Aunay (comte), [545], rue de Grenelle Saint-Germain, n° 45.

Le Prevost (Auguste), [181], ✳ membre de l'Institut et de la Chambre des Députés, à Bernay ; à Paris, rue Jacob, n° 35.

Le Roux de Lincy [76], rue de Verneuil, n° 51.

Le Roy, [477], commissaire-priseur honoraire, rue Sainte-Croix de la Bretonnerie, n° 22.

Lescalopier (comte Charles de), [121], membre de la Société des Antiquaires de France, etc., place Royale, n° 25.

Letronne, [14], O. ✳ membre de l'Institut, garde général des Archives du royaume, rue de Paradis, n° 16, au Marais.

Loisy (Ernest de) [528], rue Chabot-Chavines à Dijon ; correspond., M. Hubert, peintre, rue Taranne, n° 16.

Loménie (de), [493], rue du Cherche-Midi, n° 28.

Longueville-John, [404], à Manchester, et à Paris, rue Vivienne, n° 18.

Luynes (duc de), [413], ✳ membre de l'Institut, rue Saint-Dominique-Saint-Germain, n° 33.

Mackensie (John Whiteford), [332], Esq. à Edimbourg, 19 Scotland-street ; corresp. MM. Bélizard, Dufour et compagnie, libraires, rue de Verneuil, n° 1.

Magin (Alfred), [390], recteur de l'Académie de Nancy ; corresp. M. Bellaguet, rue Garancière, n° 7.

Magnin (Charles), [28], ✳ membre de l'Institut, conservateur de la Bibliothèque royale, département des imprimés, rue Neuve-des-Petits-Champs, n° 12.

MAGNONCOUR (DE), [250], membre de la Chambre des Députés, rue d'Astorg, n° 16.

MAILLY (comte DE), [500], rue de l'Université, n° 45.

MALARTIC (Alphonse DE), [436], au château de Fondat par Roquefort (Landes); corresp. M.

MALLEVILLE (Léon DE), [492], ✳ membre de la Chambre des Députés, rue de l'Université, n° 2.

MARCHEGAY (Paul), [448], archiviste de la préfecture de Maine-et-Loire , à Angers ; corresp. M. de Fréville, rue de Vendôme , n° 4, au Marais.

MARCILLY (Eugène DE), [574], rue de Vendôme, n° 3.

MARIN-DARBEL, [265], à Moscou ; corresp. M. Bossange, libraire, quai Voltaire, n° 11.

MARION, [456], rue Taranne, n° 9.

MARTIN (Alexandre), [247], C. ✳ ancien ministre de France à Hanovre, rue Neuve-des-Capucines, n° 13.

MARTIN, [267], ✳ ancien juge de paix, à Mantes ; corr. M. Martin fils , agréé au tribunal de commerce , rue Trainée, n° 17.

MARTIN (Henri), [457], rue de Vaugirard, n° 31.

MAS-LATRIE (Louis DE), [289], ancien élève pensionnaire de l'École des Chartes, rue Neuve-Saint-Roch, n° 30.

MASSOT-REYNIER [560], avocat général à la Cour royale de Montpellier ; corresp. M.

MASTRELLA, [276], chef de bureau à la préfecture du département de la Seine , rue M.-le-Prince, n° 25.

MATHON, [392], bibliothécaire à Neufchâtel (Seine-Inférieure); corresp. M. Alfred de Roissy, rue Montholon , n° 18.

MATTER, [400], ✳ inspecteur général de l'Université, rue de Madame , n° 18.

MENNECHET, [465], ✳ rue Duphot, n° 17.

MÉRIMÉE (Prosper), [162], ✳ membre de l'Institut, inspecteur-général des monuments historiques, rue des Beaux-Arts; n° 10.

MERLIN, [79], bibliothécaire du ministère de l'intérieur, rue des Saints-Pères, n° 26.

METZINGER, [490], avocat, rue Rameau, n° 6.

MICHELANT (Henry), [557], rue Neuve-Saint-Georges, n° 6.

MICHELET (Jules), [80], ✳ membre de l'Institut, professeur d'histoire au Collége de France, chef de la section historique des Archives du royaume, rue des Postes, n° 12.

MIGNET, [16], C. ✳ membre de l'Institut, secrétaire perpétuel de l'Académie des sciences morales et politiques, directeur des Archives du ministère des affaires étrangères, rue Neuve-des-Capucines, n° 10.

MILLEVILLE (Henry DE), [556], référendaire au sceau de France, rue Saint-Honoré, n° 274.

MIREPOIX (DE LEVIS, duc DE), [123], O. ✳ rue de la Planche, n° 13.

MOISMONT (Amélie BEAUVARLET DE), [582], ✳ à Abbeville (Somme); corresp. M. Bernard de la Fortelle, rue de Condé, n° 18.

MOLÉ (le comte), [5], G.-C. ✳ pair de France, membre de l'Institut, place de la Ville-l'Evêque, n° 27.

MONMERQUÉ, [17], ✳ membre de l'Institut, conseiller à la Cour royale de Paris, rue Saint-Louis, au Marais, n° 39.

MONTALEMBERT (le comte DE), [129], pair de France, rue du Bac, n° 36 *bis*.

MONTBÉLIARD (Léon DE), [266], rue de Richelieu, n° 45.

MONTFERRANT (DE), [422], architecte de l'empereur de Russie à Saint-Pétersbourg; corresp. M. Favart, rue Coquenard, n° 27.

MONTMORENCY (duc DE), [520], pair de France, rue de Grenelle Saint-Germain, n° 37.

Moreau , [561], rue de Londres, n° 41.

Mornay (Charles, comte de), [81], ✳ ministre de France à Stockholm, rue de Bellechasse, n° 22.

Nadaud, [360], O. ✳ procureur général, à Grenoble (Isère); corresp. M. Barennes, conseiller à la Cour de cassation, quai Malaquais, n° 23.

Naudet, [486], O. ✳ membre de l'Institut, directeur de la Bibliothèque royale, rue Neuve-des-Petits-Champs, n° 10.

Nicard fils (Pol), [288], rue Vanneau, n° 25.

Nigon de Berty, [150], chef de bureau au ministère de la justice et des cultes, rue des Beaux-Arts, n° 15.

Nisard (Désiré), [459], ✳ membre de la Chambre des Députés, professeur au Collège de France, maître des requêtes, chef de division au ministère de l'instruction publique , rue du Cherche-Midi, n° 83.

Noailles (le duc de), [343], pair de France, rue de Lille, n° 74.

Nugent (le vicomte de), [371], place Vendôme, n° 14.

Oger [585], membre de la Chambre des Députés, rue du Grand-Chantier, n° 5.

Olizar (le comte), [562], sénateur palatin, rue de Londres, n° 40.

Outrebon, [489], ✳ notaire, rue Saint-Honoré, n° 354.

Ozanam [584], agrégé à la Faculté des Lettres, rue Garancière, n° 7.

Ozeray, [285], à Bouillon; corresp. M. Gaubert, greffier de la justice de paix, à Courbevoie.

PAQUET (Just), [341], à Passy, rue Basse, n° 16.

PARAVEY (Charles), [588]. maître des requêtes, rue des Petites-Écuries, n° 38 *bis*.

PARET (Victor), [505], rue Saint-Jacques, n° 179.

PARIS (Paulin), [29], ✳ membre de l'Institut, conservateur adjoint de la Bibliothèque royale, département des manuscrits, rue Neuve-des-Petits-Champs, n° 12.

PARTHOUNEAU (vicomte), [512], à Mantoue, princip. de Monaco ; corresp. M. Renouard, libraire, rue de Tournon, n° 6.

PASQUIER (baron), [3], G. C. ✳ chancelier de France, président de la Chambre des Pairs, membre de l'Institut, rue de Vaugirard, au palais du uxembourg.

PASSY (Antoine), [238], O. ✳ membre de la Chambre des Députés, sous-secrétaire d'État au ministère de l'intérieur, rue Caumartin, n° 5.

PASTORET (Amédée marquis DE), [442], C. ✳ membre de l'Institut, place Louis XV, n° 6.

PATIN (Henry), [533], ✳ membre de l'Institut, professeur de littérature latine à la Faculté des Lettres, bibliothécaire du Roi au château de Meudon, rue Cassette, n° 15.

PATTU DE SAINT-VINCENT (le comte Jules), [115], à Mortagne (Orne).

PAULMIER (Charles), [483], avocat, rue Saint-Florentin, n° 7.

PELET (le baron), [161], G. O. ✳ pair de France, lieutenant général, directeur du dépôt de la guerre, rue de l'Université, n° 61.

PERREAUX, [397], rue de Tournon, n° 8.

PETITOT (Alex.), [149], ✳ rue Chantereine, n° 9.

Pichon (Jérôme), [603], auditeur au Conseil d'État, rue Blanche, n° 5.

Pillet - Will (comte), [402], O. ✻ régent de la Banque de France, rue de la Chaussée-d'Antin, n° 70.

Piot (Eugène), [610], rue Lafitte, n° 2.

Pisançon (Claude-Henry DE LA CROIX DE CHEVRIÈRE, marquis DE), [566], à Grenoble, place aux Bœufs ; corresp. M. le marquis de Chabrillan, rue de l'Université, n° 67.

Pitcairn (Rob.), [320], écrivain au sceau du Roi, à Edimbourg ; corresp. M.

Poey d'Avant, [84], receveur de l'enregistrement, à Luçon (Vendée).

Poignant [502], employé à la Chancellerie, rue Saint-Lazare, n° 45.

Ponthier de Chamaillard, [517], rue du Four-du-Chapitre, n° 15, à Rennes (Ille-et-Vilaine) ; corresp. M. de Courcy, rue de Richelieu, n° 97.

Portal (Frédéric), [284], ✻ maître des requêtes, rue Basse-du-Rempart, n° 24.

Portalis (vicomte Frédéric), [183], conseiller à la Cour royale de Paris, place Royale, n° 4.

Porthmann (Louis-Adolphe), [438], rue de l'Arbre-Sec, n° 15.

Princeteau, [522], capitaine d'artillerie, rue de la Ferme-des-Mathurins, n° 8.

Puymaigre (vicomte Théodore DE), [587], au château d'Inglanges (Moselle) ; corresp. M. Micheland, rue Saint-Lazare, n° 5.

Quénot, [87], ✻ ingénieur civil, rue du Battoir, n° 26.

QUICHERAT (Jules), [443], ancien élève pensionnaire de l'École des Chartes, rue Saint-Jean-de-Beauvais, n° 10.

RAIGECOURT (marquis DE), [88], ✻ rue de Suresnes, n° 7.

RANKE (Léopold), [385], professeur d'histoire à l'Université de Berlin; corresp. M. Avenarius, libraire, rue de Richelieu, n° 71.

RATHERY (Benoît-Edme-Jacques), [546], avocat à la Cour royale de Paris, rue Voltaire, n° 2.

RATTIER (Paul), [398], rue Bergère, n° 4.

RAVENEL, [124], conservateur-adjoint à la Bibliothèque royale, département des imprimés, rue Colbert, n° 6.

RENARD (B.), [424], major au corps d'état-major de l'armée belge, directeur des travaux et commandant d'armes du camp de Beverlo, chevalier de l'ordre de Saint-Léopold, à Tournay; corresp. M. Mabilde, rue du Mail, n° 29.

RENARD (Emile), [523], avocat, à Bourbonne-les-Bains (Haute-Marne), corresp. M. Crapelet, imprimeur, rue de Vaugirard, n° 9.

RENOUARD (Jules), [91], ✻ libraire, rue de Tournon, n° 6.

REYNAUD, [406], à Mérignac (Gironde); corresp. M. Guadet, boulevard des Invalides.

RICHARD (Paulin), [577], employé à la Bibliothèque royale, rue Neuve-des-Petits-Champs, n° 10.

RIVA, [439], négociant, à Saint-Pétersbourg.

ROBINET, [455], Grande-Rue, aux Batignolles, n° 39.

ROCHEMACÉ (DE LA), [355], à la Roche, par Oudon (Loire-Inférieure); corresp. M. de Bière, notaire, rue Grenier-Saint-Lazare, n° 5.

ROISIN (baron DE), [537], chez M. le comte de Bauval, rue Française, n° 38, à Lille; corresp. M. le baron de Tintignis, rue Louis-le-Grand, n° 9.

Roissy (Alfred de), [168], ❉ rue Moutholon, n° 18.

ROLLE (Hippolyte), [135], bibliothécaire de la ville de Paris, quai d'Austerlitz, n° 35.

Rosière (Eugène de), [395], étudiant en droit, rue de Vaugirard, n° 15.

Roussel (Jules), [590], rue du Faubourg-Poissonnière, n° 18.

Sabatier [618], procureur du roi, à Béziers.

Sade (Xavier, comte de), [482], ❉ membre de la Chambre des Députés, rue Las-Cases, n° 16.

Saint-Aignan (comte de), [96], C. ❉ pair de France, rue de Grenelle Saint-Germain, n° 107.

Saint-Mauris (Victor, comte de), [97], O. ❉ rue de Suresnes, n° 7.

Saint-Mauris-Chatenois (comte Édouard de), [615], rue de Varenne, n° 4.

Saint-Mesmin (Fevret de), [357], conservateur du Musée de Dijon; corresp. M. de la Thalaye, rue Tronchet, n° 29.

Saint-Priest (comte Alexis de), [613], pair de France, quai d'Orsay, n° 29.

Saint-Vincent (vicomte Louis de), [328], rue Jacob, n° 21.

Sainte-Aulaire (comte de), [535], O. ❉ pair de France, membre de l'Institut, ambassadeur de France à Londres, rue Saint-Dominique Saint-Germain, n° 63.

Sainte-Aulaire (marquis de), [608], membre de la Chambre des Députés, rue de Grenelle S.-G., n° 124.

Sainte-Fare-Bontemps, [488], ❉ rue du Mont-Thabor, n° 39.

Salmon [583], élève de l'École des Chartes, rue Favart, n° 2.

SALVANDY (comte DE), [568], G. O. ✳ membre de la Chambre des Députés et de l'Institut, rue Cassette, n° 30.

SANPAYO (Osborne), [319], à Foulham-Peterborough-house, près de Londres; corresp. Mme v^e Callaghan, rue Neuve-des-Mathurins, n° 40.

SAULCY (DE), [573], membre de l'Institut, directeur du Musée d'Artillerie, rue du Bac.

SCHELER (S), [543], bibliothécaire du roi et de la reine des Belges, à Bruxelles; corresp. M. Delay, libraire, rue Tronchet, n° 2.

SCHNACKENBURG (J.-F.), [217], docteur en philosophie et professeur royal à l'École militaire universelle, à Berlin, Frederic-Strass, n° 96; corresp. M. Renouard, libraire, rue de Tournon, n° 6.

SÉGUR (Philippe, comte DE), [472], G. O. ✳ pair de France, lieutenant général, rue de la Pépinière, n° 64.

SÉMAINVILLE (DE), [604], rue Saint-Honoré, n° 274.

SEMICHON (Ernest), [426], avocat, à Neufchâtel (Seine-Inférieure); corresp. M. Alfred de Roissy, rue Montholon, n° 18.

SERCEY (Édouard, comte DE), [559], ✳ rue Neuve-des-Mathurins, n° 43.

SERRADIFALCO (le duc DE), [214], à Palerme; corresp. M. Nicard, rue Vanneau, n° 25.

SERRURIER (J.-B.-T.), [179], ✳ docteur-médecin, rue Saint-Dominique Saint-Germain, n° 14.

SICARD [617], conseiller à la Cour royale de Montpellier, à Montpellier (Hérault).

SILVESTRE DE CHANTELOUP fils, [113], président à la Cour royale de Paris, rue de Seine Saint-Germain, n° 6.

Soultrait (de), [525], élève de l'École des Chartes, rue des Saints-Pères, n° 38.

Spencer-Smith, [222], membre de plusieurs Sociétés savantes, rue de Bretagne-Saint-Gilles, n° 6, à Caen; corresp. M. Derache, libraire, rue du Bouloy, n° 7.

Stewenson (Joseph), [321], président de la Société de l'Histoire d'Angleterre, à Édimbourg, South-street.

Taconet (Eugène), [446], rue Traversière Saint-Germain, n° 22.

Taillandier (A.-H.), [99], membre de la Chambre des Députés, conseiller à la Cour royale de Paris, rue de l'Université, n° 8.

Taillandier (René), [141], ✻ avocat, de la Société d'émulation de Paris, de celle des écoles chrétiennes, rue Saint-Benoît, n° 18.

Taranne, [232], l'un des secrétaires du Comité historique pour la publication des Monuments inédits de l'Histoire de France, rue de l'Est, n° 29.

Tarbé (Prosper), [245], substitut du procureur du Roi, à Versailles; corresp. M. Petit, boulevard des Capucines, n° 21.

Tardif, [225], substitut du procureur général près la Cour royale de Paris, rue de Bellechasse, n° 15.

Taurines (Auguste), [429], professeur d'artillerie de la marine, à Brest; corresp. M. de Mas-Latrie, rue Neuve-Saint-Roch, n° 30.

Taylor (le baron), [407], C. ✻ rue de Bondy, n° 54.

Techener, [309], libraire, place du Louvre, n° 12.

Ternaux, [514], substitut du procureur du Roi au tribunal de première instance du département de la Seine, rue Saint-Lazare, n° 27.

TERRASSE, [144], ✳ chef de la section judiciaire des
Archives du royaume, cour du Palais de Justice, pavillon des Archives, n° 20.

TERREBASSE, [119], au Péage de Roussillon (Isère) ;
corresp. M. Techener, libraire, place du Louvre, n° 12.

TEULET (Alexandre), [19], employé aux Archives du
royaume, quai de la Cité, n° 23.

TEULET (Auguste), [354], avocat à la Cour royale de
Paris, place Saint-André-des-Arcs, n° 13.

THIERS, [2], G. O. ✳ membre de la Chambre des Députés et de l'Institut, place Saint-Georges, n° 1.

THIERRY (Augustin), [312], O. ✳ membre de l'Institut, passage Sainte-Marie, n° 11.

THOMPSON (Th.), [364], Esq., garde des Archives, à
Édimbourg; corresp. M. Teulet, quai de la Cité,
n° 23.

THONNELIER (Jules), [391], rue Neuve-des-Mathurins,
n° 30.

THOUVENIN, fils, [350], rue Saint-André, n° 20, à Cha-
ronne.

TOUR DU PIN (Aynard-Gabriel, marquis DE LA), [414],
✳ rue de la Ville-l'Evêque, n° 33.

TRACY (Victor, vicomte DE), [449], membre de la
Chambre des Députés, O. ✳ rue d'Anjou Saint-Honoré, n° 38.

TRÉMISOT, [103], chef de bureau à la préfecture du département de la Seine, rue Saint-Louis, au Marais,
n° 31.

TURENNE (comte DE), [567], C. ✳ pair de France,
rue Royale, n° 6.

TURNBULL (Williams), [365], avocat, à Édimbourg;
corresp. M. Teulet, quai de la Cité, n° 23.

Tuvache, [352], avocat, à Beûzeville (Eure); corresp. M. Foulon, rue Chanoinesse, n° 6.

Valentin (Edouard), [570], rue de Provence, n° 41.

Vallet de Viriville (Auguste), [620], archiviste paléographe, rue de Las-Cases, n° 4.

Vandœuvre (Gabriel de), [452], maître des requêtes, rue Neuve-des-Mathurins, n° 24.

Varcollier, [317], ✳ chef de division à la préfecture de la Seine, rue du Mont-Thabor, n° 8.

Vatimesnil (Henri de), [109], ✳ avocat, rue Saint-Dominique; n° 11.

Vatry (Alphée de), [480], ✳ membre de la Chambre des Députés, rue Notre-Dame-de-Lorette, n° 6.

Vaufreland (Ludovic, vicomte de), [434], ✳ avenue des Champs-Elysées, n° 18.

Vaufreland (madame Georges de), [575], avenue de Gabrielle, n° 38, aux Champs-Elysées.

Vibraye (Paul, comte de), [471], rue de Varennes, n° 10.

Villemain (S.), [518], G. O. ✳ pair de France, ministre de l'instruction publique, secrétaire perpétuel de l'Académie Française, rue de Grenelle Saint-Germain, n° 116.

Vincent, [105], négociant, rue Serpente, n° 16.

Viollet-Leduc, [106], ✳ conservateur des résidences royales, rue de Rivoli, n° 16.

Visscher, [625], professeur de littérature à l'Université d'Utrecht; corresp., à Paris, M° Porquet, libraire, quai Voltaire, n° 1.

Vitet (Ludovic), [20], ✳ membre de l'Institut, de la Chambre des Députés, conseiller d'État, rue Barbet de Jouy, n° 5.

WAILLY (Natalis DE), [326]. ❋ membre de l'Institut, chef aux Archives du royaume, rue Vieille-du-Temple, n° 124.

WAITZ (George), [418], à Hanovre; corresp. M. Avenarius, libraire, rue de Richelieu, n° 60.

WALCKENAER (baron), [107], O. ❋ membre de l'Institut, secrétaire perpétuel de l'Académie des Inscriptions et Belles - Lettres, conservateur-adjoint à la Bibliothèque royale, rue Laffitte, n° 45.

WITTE (Jean DE), [461], rue Saint-Florentin, n° 12.

WRIGHT (Thomas), [373], membre de la Société royale de Londres, de l'Université de Cambridge, Somerset-street, n° 39, Manchester-square; corresp. M. Teulet, quai de la Cité, n° 23.

YANOSKI (Jean), [363], agrégé d'histoire, rue Martignac, n° 7.

BIBLIOTHÈQUES.

BARBIER pour les six Bibliothèques du Roi, n° 595 à 600.

ROLLE pour la Bibliothèque de la ville de Paris, n° 135.

FALKEINSTEIN pour la Bibliothèque de Dresde, n° 264.

MATHON pour la Bibliothèque de Neufchâtel, n° 392.

CABREY pour la Bibliothèque de la Chambre des Pairs, n° 571.

COCHRANE, pour London library, n° 578.

SOCIÉTÉS CORRESPONDANTES.

EN FRANCE.

Société royale des Antiquaires de France, rue Taranne, n° 12.

Société royale d'Agriculture, des Sciences et Arts, du département du Nord, à Douai.

Académie royale des Sciences, Lettres et Arts de Rouen.

Académie royale des Sciences, Lettres et Arts de Caen.

Société des Antiquaires de Normandie, à Caen.

Société des Antiquaires de la Morinie, à Saint-Omer.

Société statistique des Deux-Sèvres, à Niort.

Société archéologique de Picardie, à Amiens.

Société des Antiquaires de l'Ouest, à Poitiers.

Société d'Agriculture du département de l'Aube, à Troyes.

Académie des Sciences de Dijon, à Dijon.

Société archéologique du midi de la France, à Toulouse.

EN PAYS ÉTRANGERS.

Comité historique de Belgique, à Bruxelles.

Commission des documents historiques du Piémont, à Turin.

Académie royale des Sciences de Bavière, à Munich.

Académie royale d'histoire de Madrid.

Société historique de la Suisse romande, à Lausanne.

Institut historique de Rio-Janeiro, au Brésil.

ASSOCIÉS CORRESPONDANTS.

MM.

Gachard, directeur général des Archives de Belgique.

Varnkœnig, professeur de droit, à Fribourg.

Pertz , à Berlin.
Boehmer (J.-F.), à Francfort-sur-le-Mein.
Raumer (de), à Berlin.
Reiffenberg (baron de), ✳ conservateur de la Biblio-
thèque du roi des Belges , à Bruxelles.

LISTE

DES

MEMBRES DU CONSEIL D'ADMINISTRATION,

avec l'indication des années où cessent leurs fonctions.

1845.

MM.

DE BARANTE.
DESNOYERS (Jules).
EYRIÈS.
GADEBLED.
GUICHARD.
LACABANE.
LASCOUX.
MIGNET.
MOLÉ.
THIERS.

1846.

BERGER DE XIVREY.
BOTTÉE DE TOULMON.
CRAPELET (Charles).
DELAVILLEGILLE.
GUADET.
LECLERC (Victor.)
RAVENEL.
DE ROISSY.
DE WAILLY (Nathalis).

. . . .

1847.

MM.

DUCHESNE aîné.
GUIZOT.
HASE.
LENORMANT (Charles).
NAUDET.
PASQUIER.
TAILLANDIER.
TEULET.
THIERRY (Augustin).
VITET.

1848.

A. BERTIN.
BELLAGUET.
BEUGNOT.
GUÉRARD (Benjamin).
LE PREVOST (Auguste).
LETRONNE.
MAGNIN.
DE MIREPOIX.
WALCKENAER.

. . . .

Comité de Publication.

MM. GUÉRARD, *président.*
LENORMANT (Charles).
MAGNIN.
RAVENEL.

Comité de l'Annuaire.

MM. GUÉRARD, *président.*
DESNOYERS (Jules).
DUCHESNE aîné.
TAILLANDIER.
BOTTÉE DE TOULMON.

Comité des fonds.

MM. DE ROISSY, *président.*
BOTTÉE DE TOULMON.
LASCOUX.

BUREAU DE LA SOCIÉTÉ

NOMMÉ EN 1844.

Président honoraire... MM.	
Président............	DE BARANTE.
Vice-Présidents......	{ NAUDET.
	{ LE PREVOST.
Secrétaire...........	DESNOYERS (Jules).
Secrétaire-Adjoint. ...	TEULET.
Archiviste...........	DUCHESNE aîné.
Trésorier............	DUCHESNE aîné.

Censeurs.

MM. AMÉDÉE BOUVIER, HOUEL.

TABLEAU DES SEANCES

DE

LA SOCIÉTÉ DE L'HISTOIRE DE FRANCE

PENDANT L'ANNÉE 1845.

Janvier.	Février.	Mars.	Avril.	Mai.	Juin.
6	3	3	7	5	2

Juillet.	Août.	Septembre.	Octobre.	Novembre.	Décembre.
7	4	»	6	3	1

Les séances administratives ont lieu rue Neuve-des-Petits-Champs, n° 10, à trois heures, le premier lundi de chaque mois; tous les membres de la Société ont droit d'y assister. Les séances littéraires n'ont pas été réglées pour l'année 1845.

La séance du 5 mai est celle de l'assemblée générale de la Société. Elle se tient à l'Hôtel-de-Ville, dans la salle des Commissions.

LISTE

DES OUVRAGES PUBLIÉS PAR LA SOCIÉTÉ,

DEPUIS SA FONDATION, EN 1834;

A PARIS,

CHEZ RENOUARD ET Cⁱᵉ, LIBRAIRES,
RUE DE TOURNON, Nº 6.

Les lettres affranchies peuvent être adressées au siége de la Société, rue Neuve-des-Petits-Champs, nº 10.

L'YSTOIRE DE LI NORMANT, et la Chronique de Robert Viscart, par Aimé, moine, publiées par M. CHAMPOLLION-FIGEAC; 1835, 1 vol. gr. in-8°...... 9 fr.

HISTOIRE ECCLÉSIASTIQUE DES FRANCS, par Grégoire de Tours; texte latin avec des notes, par MM. GUADET et TARANNE; 1836 à 1838, *texte latin seul;* 2 vol. grand in-8............................ 18 fr.

— Le même ouvrage, *traduction française;* 2 vol. grand in-8............................ 18 fr.

LETTRES DU CARDINAL MAZARIN A LA REINE, à la princesse Palatine, etc., écrites pendant sa retraite hors de France, en 1651 et 1652, publiées par M. RAVENEL; 1 vol. gr. in-8, 1836............... 9 fr.

— Le même ouvrage, *Pap. colomb. de Holl..* 45 fr.

MÉMOIRES DE PIERRE DE FENIN, publiés par Mˡˡᵉ DUPONT, 1837; 1 vol. in-8 .... 9 fr.

LA CONQUESTE DE CONSTANTINOBLE, par Villehardouin; publiée par M. PAULIN PARIS, 1838; 1 vol. grand in-8°, *avec carte*. . . . .   9 fr.

ORDERICI VITALIS HISTORIA ECCLESIASTICA, publiée par M. Aug. LE PREVOST; tome I et II, 1838 et 1840, gr. in-8. . . . .   18 fr.

CORRESPONDANCE DE L'EMPEREUR MAXIMILIEN ET DE SA FILLE MARGUERITE, publiée par M. LEGLAY, 1839, 2 vol. grand in-8°. . . . .   18 fr.

HISTOIRE DES DUCS DE NORMANDIE ET DES ROIS D'ANGLETERRE, publiée par M. Francisque MICHEL, 1840, 1 vol. grand in-8°. . . . .   9 fr.

ŒUVRES COMPLÈTES D'ÉGINHARD, publiées par M. AL. TEULET, 2 vol., 1840 et 1843, grand in-8°. . . . .   18 fr.

MÉMOIRES DE PHILIPPE DE COMMYNES, publiés par Mlle DUPONT, tomes Ier et IIe, 1840 et 1843, grand in-8°. . . . .   18 fr.

LETTRES DE MARGUERITE D'ANGOULÊME, sœur de François Ier, reine de Navarre, publiées par M. F. GENIN, 1841, 1 vol. grand in-8. . . . .   9 fr.

NOUVELLES LETTRES DE LA REINE DE NAVARRE, publiées par M. F. Genin, 1842, 1 vol. grand in-8°. .   9 fr.

PROCÈS DE JEANNE D'ARC, publié par M. J. QUICHERAT, tome Ier et IIe, 1841 et 1844. . . . .   18 fr.

LES COUTUMES DU BEAUVOISIS, par PHILIPPE DE BEAUMANOIR, publiées par le comte BEUGNOT, 1842, 2 vol. grand in-8°, avec *fac-simile*. . . . .   18 fr.

MÉMOIRES ET LETTRES DE MARGUERITE DE VALOIS, publiés par F. GUESSARD, 1842, 1 vol. grand in-8°   9 fr.

CHRONIQUE LATINE DE GUILLAUME DE NANGIS, publiées par M. GÉRAUD, 1843; 2 vol. gr. in-8.   18 fr.

Mémoires de Coligny et du marquis de Villette, publiés par M. Monmerqué, 1844; 1 v. gr. in-8. 9 fr.

Bulletin de la Société de l'Histoire de France, Revue de l'histoire et des antiquités nationales, années 1834 et 1835; 4 vol. gr. in-8......... 20 fr.

— *Idem*, in-8, années 1836 à 1843.......... 10 fr.

Annuaires de la Société de l'Histoire de France, de 1837 à 1845. Chaque volume........... 2 fr.

Ouvrages sous presse :

Orderici Vitalis Historiæ ecclesiasticæ tom. III.

Mémoires de Philippe de Commynes, tome III.

Histoire des Francs, par Richer.

Procès de Jeanne d'Arc, tom. III.

NAISSANCES ET ALLIANCES

DES ROIS, REINES, PRINCES ET PRINCESSES

DES DIFFÉRENTS ÉTATS OU SOUVERAINETÉS.

———✦———

(Pour les notices sur l'origine des familles
voy. Annuaire de 1842.)

———

FRANCE. — Bourbon. — Catholique.

LOUIS-PHILIPPE Ier, né à Paris 6 octobre 1773;
roi des Français 9 août 1830; marié 25 novembre 1809, à
MARIE-AMÉLIE de Bourbon, née à Naples
26 avril 1782.

Veuve du Prince royal :

HÉLÈNE - Louise - Élisabeth, de Mecklenbourg -
Schwérin, née à Ludwigslust 24 janvier 1814, mariée, 30 mai 1837, à FERDINAND-Philippe-Louis-
Charles-Henri-Joseph d'Orléans, né à Palerme
3 septembre 1810; décédé 13 juillet 1842.

Enfants du Prince royal :

1. LOUIS - PHILIPPE-Albert d'Orléans, *comte
de Paris, prince royal,* né à Paris 24 août 1838.
2. ROBERT-Philippe-Louis-Eugène-Ferdinand-
d'Orléans, *duc de Chartres,* né à Paris 19 novembre 1840.

Enfants du Roi :

1. LOUISE-Marie - Thérèse - Charlotte-Isabelle
d'Orléans, reine des Belges. V. Belgique; p. 31.
2. LOUIS-Charles-Philippe-Raphael-d'Orléans,

duc de Nemours, né à Paris 25 octobre 1814 ; marié 27 avril 1840, à

VICTOIRE-Auguste-Antoinette de Saxe-Cobourg-Gotha, née à Vienne 16 février 1822.

De ce mariage :

a. LOUIS - Philippe - Marie - Ferdinand - Gaston d'Orléans, *comte d'Eu*, né à Neuilly 28 avril 1842.

b. PHILIPPE - Ferdinand - Marie d'Orléans, *duc d'Alençon*, né à Neuilly 12 juillet 1844.

3. Marie-CLÉMENTINE - Caroline - Léopoldine - Clotilde d'Orléans, née à Neuilly 3 juin 1817 ; mariée 20 avril 1843, à

AUGUSTE Louis-Victor de Saxe-Cobourg-Gotha, prince de Cohari, né le 13 juin 1818.

4. FRANÇOIS-Ferdinand - Philippe- Louis-Marie d'Orléans, *prince de Joinville*, né à Neuilly 14 août 1818 ; marié 1er mai 1843, à

FRANÇOISE-CAROLINE-Jeanne-Charlotte-Léopoldine-Romaine-Xaviere-de-Paule-Michel-Gabrièle-Raphael-Gonzague de Bragance, sœur de l'empereur du Brésil, née 2 août 1824.

De ce mariage :

a. FRANÇOISE-Marie-Amélie d'Orléans, née à Neuilly 14 août 1844.

5. HENRI-Eugène-Philippe-Louis d'Orléans, *duc d'Aumale*, né à Paris 16 janvier 1822 ;

6. ANTOINE-Marie-Philippe-Louis d'Orléans, *duc de Montpensier*, né à Neuilly 31 juillet 1824 ;

Sœur du Roi.

Eugénie-ADÉLAIDE-Louise d'Orléans, née 23 août 1777.

Anhalt-Dessau. — Luthérien.

LÉOPOLD-Frédéric, né 1er octobre 1794, duc 9 août 1817 ; marié 18 avril 1818, à

FRÉDÉRIQUE-Louise-Wilhelmine-Amélie de Brandebourg, née 30 septembre 1796.

De ce mariage :

1. FRÉDÉRIQUE-AMÉLIE-AGNES, née 24 juin 1824 ;
2. LÉOPOLD-FRÉDÉRIC-FRANÇOIS-NICOLAS, *prince héréditaire*, né 29 avril 1831 ;
3. MARIE-ANNE, née 14 septembre 1837.

ANHALT-BERNBOURG. — Luthérien.

ALEXANDRE-CHARLES, né 2 mars 1805, succède 24 mars 1834 ; marié 30 octobre 1834, à
FRÉDÉRIQUE-CAROLINE-JULIENNE de Schleswig-Holstein-Sonderbourg-Glücksbourg, née 9 octobre 1811.

ANHALT-COETHEN. — Calviniste.

HENRI, né 30 juillet 1778 ; duc 23 août 1830 ; marié 18 mai 1819, à
AUGUSTE-FRÉDÉRIQUE-ESPÉRANCE de Reuss-Kœteritz, née 3 août 1794.

ARGENTINE (Confédération).

Le général *Rosas*.

AUTRICHE. — LORRAINE. — Catholique.

FERDINAND Ier CHARLES-LÉOPOLD-JOSEPH-FRANÇOIS-MARCELIN, né 19 avril 1793, empereur 2 mars 1835 ; marié les 12 et 27 février 1831, à
MARIE-ANNE-CAROLINE de Savoie-Carignan, née 19 septembre 1803.

BADE. — Luthérien.

LÉOPOLD-FRÉDÉRIC-CHARLES, né 29 août 1790, duc 30 mars 1830 ; marié 25 juillet 1819, à
SOPHIE-WILHELMINE de Suède, née 21 mai 1801.

De ce mariage :

1. ALEXANDRINE-LOUISE-AMÉLIE-FRÉDÉRIQUE-

ÉLISABETH-SOPHIE de Bade, née 6 décembre 1820;
mariée 3 mai 1842. V. Saxe-Cobourg-Gotha; p. 87.

2. ALBERT-FRANÇOIS-AUGUSTE, etc. V. Grande-Bretagne, p. 75.

3. FRÉDÉRIC-GUILLAUME-LOUIS, né 9 sept. 1826;

4. LOUIS-GUILLAUME-AUGUSTE, né 18 déc. 1829;

5. CHARLES-FRÉDÉRIC-GUSTAVE-GUILLAUME-MAXI-
MILIEN, né 9 mars 1832;

6. MARIE-AMÉLIE, née 20 novembre 1834;

7. CECILE-AUGUSTE, née 20 septembre 1839.

BAVIÈRE. — DEUX-PONTS. — Catholique.

LOUIS-CHARLES-AUGUSTE, né 25 août 1786; roi
13 octobre 1825; marié 12 octobre 1810, à
THÉRÈSE-CHARLOTTE-LOUISE-FRÉDÉRIQUE-AMÉ-
LIE de Saxe-Altenbourg, née 8 juillet 1792.

Enfants du roi.

1. MAXIMILIEN-JOSEPH, *prince royal*, né 28 novembre 1811; marié les 5 et 12 octobre 1842, à
FRÉDÉRIQUE-FRANÇOISE-AUGUSTE-MARIE-HEDWIGE
de Brandebourg, née 15 octobre 1825.

2. MATHILDE-CAROLINE-FRÉDÉRIQUE-WILHELMINE-
CHARLOTTE, née 30 août 1813. Voy. Hesse, gr.-duc.

3. OTHON-FRÉDÉRIC-LOUIS. Voy. Grèce; p. 75.

4. LUITPOLD-CHARLES-JOSEPH-GUILLAUME-LOUIS,
né 12 mars 1825;

5. ALDEGONDE-AUGUSTE-CHARLOTTE-CAROLINE-
ÉLISE-AMÉLIE-SOPHIE-MARIE-LOUISE, née 19 mars
1823; mariée 30 mars 1842. Voy. Modène; p. 82.

6. HILDEGARDE-LOUISE-CHARLOTTE-THÉRÈSE-FRÉ-
DÉRIQUE, née 10 juin 1825;

7. ALEXANDRINE-AMÉLIE, née 26 août 1826;

8. ADALBERT-GUILLAUME-GEORGES-LOUIS, née
19 juillet 1828.

BELGIQUE. — SAXE-COBOURG. — Luthérien.

LÉOPOLD Ier GEORGE-CHRÉTIEN-FRÉDÉRIC, né

16 décembre 1790; roi 4 juin 1831; veuf 6 décembre 1817, de

CHARLOTTE-Augusta, fille de feu George IV; remarié à Compiègne 9 août 1832, à

LOUISE-Marie-Thérèse-Charlotte-Isabelle d'Orléans, née à Palerme 3 avril 1812.

De ce mariage :

1. LÉOPOLD-Louis-Philippe-Marie-Victor, *prince royal*, né 9 avril 1835;
2. PHILIPPE-Eugène-Ferdinand-Marie-Clément-Baudouin-Léopold-George *comte de Flandre*, né 25 mars 1837;
3. Marie-CHARLOTTE-Amélie-Auguste-Victorine-Clémentine-Léopoldine, née 7 juin 1840.

BRÉSIL. — Bragance. — Catholique.

D. PEDRO II de Alcantara Jean-Charles-Léopold-Salvador-Biblaos-Xavier-de-Paule-Leoccideo-Michel-Gabriel-Raphael-Gonzague, né 2 décembre 1825, empereur 7 avril 1831, marié 30 mai 1843, à

THÉRÈSE-Christine-Marie de Bourbon, née 14 mars 1822.

Sœur de l'empereur :

JANUARIA de Bragance, *princesse impériale*, née 11 mars 1822; mariée .... avril 1844 à

LOUIS-Charles-Marie-Joseph de Bourbon, *comte d'Aquila*, né 19 juillet 1814.

BRUNSWICK-WOLFENBUTTEL.— Luthérien.

GUILLAUME-Maximilien-Frédéric-Auguste-Louis, né 25 avril 1806, duc 25 avril 1831.

CHILI.

Général *Bulnes*, président.

DANEMARK. — Oldenbourg. — Luthérien.

CHRISTIAN VIII Frédéric, né 18 septembre
  1786, roi 3 décembre 1839; marié 11 juin 1806 à
CHARLOTTE - Frédérique de Mecklenbourg-
  Schwérin, séparé en 1812, remarié 22 mai 1815 à
CAROLINE-Amélie, née le 28 juin 1796, petite-
  fille du roi Christian VII.

Du premier mariage :

FRÉDÉRIC-Charles-Christian, *prince royal*, né
  6 octobre 1808; marié 1er novembre 1828 à
Wilhelmine-Marie de Danemark; séparé en 1837;
  remarié le 10 juin 1841, à
CAROLINE-Charlotte-Marianne de Mecklenbourg-
  Strélitz, née 10 janvier 1821.

DEUX-SICILES. — Bourbon. —
Catholique.

FERDINAND II Charles, né 12 janvier 1810;
  roi 8 novembre 1830; veuf 31 janvier 1836, de
Marie-CHRISTINE-Charlotte-Joséphine-Gae-
  tane-Élise de Savoie; remarié 9 janvier 1837, à
Marie-THÉRÈSE-Isabelle d'Autriche, née 31
  juillet 1816.

Du premier mariage :

1. FRANÇOIS - Marie - Léopold, duc de Calabre,
   prince héréditaire, né 16 janvier 1836.

Du second mariage :

2. LOUIS-Marie, *comte de Trani,* né 1er août 1838;
3. ALBERT-Marie, *comte de Castro-Giovanni,* né
   17 septembre 1839;
4. Alphonse-Marie-Joseph - Albert, *comte de Ca-
   serte,* né 28 mars 1841;
5. MARIE-Annonciade-Isabelle, née 24 mars 1843.

ESPAGNE. — Bourbon. — Catholique.

Marie ISABELLE II Louise, née à Madrid 10 octobre 1830; reine 29 septembre 1833.

Mère de la reine :

MARIE-CHRISTINE de Bourbon, née le 27 avril 1806, veuve de Ferdinand VII 29 sept. 1833.

ÉTATS-UNIS D'AMÉRIQUE.

John Tyler, président.

GRANDE-BRETAGNE ET IRLANDE.
— Brunswick-Lunebourg. — Anglican.

Alexandrine VICTORIA, née 24 mai 1819, reine 20 juin 1837; mariée le 10 février 1840, à
ALBERT-François-Auguste-Charles-Emmanuel de Saxe-Cobourg-Gotha, né 26 août 1819.

De ce mariage :

1. VICTORIA Adélaide-Marie-Louise, *princesse royale,* née 21 novembre 1840.

2. ALBERT-Edouard, *duc de Cornwall,* né 9 novembre 1841.

3. ALICE-Maud-Marie, née le 25 avril 1843.

4. . . . . *duc d'York,* né 5 août 1844.

GRÈCE. — Deux-Ponts. — Catholique.

OTHON-Frédéric-Louis, de Bavière, né 1er juin 1815, roi 7 mai 1832; marié 22 novembre 1836, à
Marie-Frédérique-AMÉLIE d'Oldenbourg , née 21 décembre 1818.

HANOVRE. — Brunswick-Lunebourg. — Anglican.

ERNEST-AUGUSTE, duc de Cumberland, né

7 juin 1771, roi 5 juin 1837, veuf 29 juin 1841, de
FRÉDÉRIQUE - LOUISE - CAROLINE - SOPHIE-
ALEXANDRINE de Mecklenbourg-Strélitz.

De ce mariage :

GEORGES-FRÉDÉRIC-ALEXANDRE-CHARLES-ERNEST-
AUGUSTE, *prince royal*, né 27 mai 1819, marié
18 février 1843, à
ALEXANDRINE - MARIE - WILHELMINE - CATHERINE -
CHARLOTTE-THÉRÈSE-HENRIETTE-LOUISE-PAULINE-
ELISABETH-FRÉDÉRIQUE-GEORGINE de Saxe-Alten-
bourg, née 14 avril 1818.

HESSE-ÉLECTORALE. — Luthérien.

GUILLAUME II, né 28 juillet 1777; électeur
27 février 1821; marié 13 février 1797, à
FRÉDÉRIQUE-CHRÉTIENNE AUGUSTE de Brandebourg, née 1er mai 1780; veuf 19 février 1841,
et marié morganatiquement 11 février 1843, à
ÉMILIE, comtesse de Reichenbach-Lessonitz, née
18 mars 1791.

Du premier mariage :

1. CAROLINE - FRÉDÉRIQUE - WILHELMINE, née 29
   juillet 1799;
2. FRÉDÉRIC-GUILLAUME, *prince électoral*, né 20
   août 1802, *corégent* 30 décembre 1831, marié morganatiquement à
GERTRUDE, comt. de Schaumbourg, née 18 mai 1806;
3. MARIE - FRÉDÉRIQUE - WILHELMINE - CHRISTINE.
   Voy. Saxe-Meningen; p. 87.

HESSE-GRAND-DUCAL. — Luthérien.

LOUIS II, né 6 décembre 1777, *grand-duc* 6 avril
1830; veuf 27 janvier 1836, de
WILHELMINE - LOUISE, de Bade; née 10 septembre 1788; morte 26 janvier 1836.

De ce mariage :

1. LOUIS, né 9 juin 1806, *grand-duc héréditaire ,* marié 26 décembre 1833, à

MATHILDE-Caroline-Frédérique-Wilhelmine-Charlotte de Bavière, née 30 août 1813;

2. CHARLES-Guillaume-Louis, né 23 avril 1809; marié 22 octobre 1836, à

Marie-Élisabeth-Caroline-Victoire de Brandebourg, née 18 juin 1815.

Enfants du prince Charles.

a. Frédéric-Guillaume-LOUIS-Charles, né 12 septembre 1837;

b. HENRY-Louis-Guillaume-Adalbert-Waldemar-Alexandre, né 28 novembre 1838.

c. MARIE-ANNE-Elisabeth-Mathilde, née 25 mai 1843.

3. ALEXANDRE-Louis-Chrétien-Georges-Frédéric-Émile, né 15 juillet 1823;

4. Maximilienne-Wilhelmine-Auguste-Sophie-MARIE, née 8 août 1824.

Hesse-Hombourg. — Calviniste.

PHILIPPE-Auguste-Frédéric, né 11 mars 1779; *landgrave,* 19 janvier 1839; marié morganatiquement 26 juin 1838, à

ANTONIE, comtesse de Naumbourg, née 26 novembre 1809.

Hohenzollern-Hechingen. — Catholique.

FREDERIC-Guillaume-Hermann-Constantin, né 16 février 1801, succède 13 septembre 1838; marié 22 mai 1826, à

EUGÉNIE-Hortense de Beauharnais, née 23 décembre 1808.

De ce mariage :

1. FRÉDERIC - Frédéric - François - Antoine , né
3 novembre 1790, *prince héréditaire*, marié 7 janvier 1839, à
Annonciade - CAROLINE - Joachime - Amélie - Antoinette, de Hohenzollern - Sigmaringen, né 6
juin 1810.

Hohenzollern-Sigmaringen. —Catholique.

CHARLES-Antoine-Frédéric, né 20 février 1785;
prince, succède 17 octobre 1831, marié 4 février 1808, à
ANTOINETTE Murat, née 5 janvier 1793.

De ce mariage :

1. Annonciade-CAROLINE-Joachime-Antoinette-Amélie, née 6 juin 1810 ; mariée 7 janvier 1839
à FRÉDÉRIC, *prince héréditaire* de Hohenzollern-Hechingen ;
2. CHARLES-Antoine-Joachim-Zéphirin-Frédéric-Meinrad, né 7 septembre 1811 ; *prince héréditaire*, marié 21 octobre 1834, à
JOSEPHINE-Frédérique-Louise, de Bade, née 21
octobre 1813.

De ce mariage :

a. LEOPOLD - Etienne - Charles - Antoine Gustave-Edouard-Thassile, né 22 septembre 1835;
b. STEPHANIE - Frédérique - Wilhelmine - Antoinette, née 15 juillet 1837;
c. CHARLES-Eytel-Frédéric-Zéphirin - Louis,
né 20 avril 1839;
d. ANTOINE-Eugène-Charles-Joseph, né 7 octobre 1841 ;
3. FRÉDÉRIQUE-Wilhelmine, née 24 mars 1820.

Holstein-Glucksbourg. — Voy. Danemark.

HOLSTEIN-GOTTORP. Voy. Russie ; p. 85.

HOLSTEIN-OLDENBOURG. — Luthérien.

PAUL-FRÉDÉRIC-AUGUSTE, duc de Schleswig-Holstein, né 13 juillet 1783 ; grand-duc 28 mai 1829. Veuf 13 septembre 1820, de

ADÉLAIDE d'Anhalt-Bernebourg-Schaumbourg ; veuf en sec. noces, 31 mars 1828, de la princesse IDA de Holstein-Oldenbourg ; remar. 5 mai 1831 à

CÉCILE de Holstein-Gottorp, née 22 juin 1807.

Enfant du premier lit :

1. MARIE-FRÉDÉRIQUE-AMÉLIE, née 21 décembre 1818. Voy. Grèce ; p. 75.

Enfant du second lit :

2. NICOLAS-FRÉDÉRIC-PIERRE, né 8 juillet 1827.

LIECHTENSTEIN. — Catholique.

ALOYS-JOSEPH, né 26 mai 1796, succède 20 avril 1836 ; marié 8 août 1831, à

FRANÇOISE DE PAULE, de Kinsky, née 8 août 1813.

De ce mariage :

1. MARIE-JOSÉPHINE, née 20 septembre 1834 ;
2. CAROLINE, née 23 février 1836 ;
3. SOPHIE-MARIE-GABRIELLE-PIE, née 11 juillet 1837 ;
4. ALOYSE, née 13 août 1838 ;
5. IDA, née 11 octobre 1839 ;
6. JEAN-MARIE-FRANCOIS-PLACIDE, né 5 déc. 1840 ;
7. FRANÇOISE-MARIE, née 30 décembre 1841 ;
8. MARIE-HENRIETTE, née 6 juin 1843.

LIPPE-DETMOLD. — Calviniste.

PAUL-ALEXANDRE-LÉOPOLD, né 6 novembre 1796, succède 4 avril 1802 ; marié 23 avril 1820, à .

ÉMILIE-Frédérique-Caroline, de Schwarzbourg
Sondershausen, née 23 avril 1800.

De ce mariage :

1. Paul-Frédéric-Émile-LEOPOLD, *prince héréditaire*, né 1er septembre 1821 ;
2. Christine-LOUISE-Auguste-Charlotte, abbesse
   de Capel et Lemgo, née 9 novembre 1822 ;
3. Gunther-Frédéric-WOLDEMAR, né 18 av. 1824 ;
4. Marie-Caroline FREDERIQUE, née 1er déc. 1825 ;
5. Paul-Alexandre-FREDERIC, né 13 oct. 1827 ;
6. Emile-HERMANN, né 4 juillet 1829 ;
7. Charles-ALEXANDRE, né 16 janvier 1831 ;
8. Caroline-PAULINE, née 2 octobre 1834.

Schaumbourg-Lippe. — Calviniste.

GEORGE-Guillaume, né 20 décembre 1784, prince
   13 février 1787 ; marié 23 juin 1816 à
IDA-Caroline-Louise de Waldeck, née 26 septembre 1796.

De ce mariage :

1. ADOLPHE-Georges, *pr. héréd.*, né 1er août 1817 ;
2. MATHILDE-Augustine-Wilhelmine-Caroline ,
   née 11 septembre 1818 ; mariée 15 juillet 1843 à
   Eugène, prince de Wurtemberg ;
3. ADELAIDE-Christine-Julie-Charlotte , née 9
   mars 1821 ;
4. IDA-Marie - Auguste - Frederique , née 26 mai
   1834 ;
5. GUILLAUME-Charles-Auguste, né 12 déc. 1824 ;
6. ELISABETH-Wilhelmine-Auguste-Marie, née 5
   mars 1841.

LUCQUES. — Bourbon. — Catholique.

CHARLES-Louis, né 22 décembre 1799, duc 13
   mars 1824 ; marié 15 août 1820, à

MARIE - THÉRÈSE - FERDINANDE-Félicité - Gaê-
tane-Pie de Savoie, née 19 septembre 1803.

De ce mariage :

FERDINAND-Charles-Marie-Joseph-Victor-Bal-
thazard, né 14 janvier 1823.

MECKLENBOURG-SCHWÉRIN. — Luthérien.

FRÉDÉRIC-François, né 28 février 1823; succède 7 mars 1842.

MECKLENBOURG-STRÉLITZ. — Luthérien.

GEORGE-Frédéric-Charles-Joseph, né 12 août
1779, succède 6 novembre 1816; marié 12 août
1817, à
MARIE-Wilhelmine-Frédérique de Hesse-Câs-
sel, née 21 janvier 1796.

De ce mariage :

1. FREDERIC-Guillaume-Charles-Georges-Er-
nest-Adolphe-Gustave, *grand-duc héréditaire*,
né 17 octobre, 1819; marié le 28 juin 1843 à
AUGUSTE-Caroline-Charlotte-Elisabeth-Marie-
Sophie-Louise, fille du duc de Cambridge, née le
19 juillet 1822.
2. CAROLINE-Charlotte-Marianne. Voy. Dan-
nemarck, p. 74;
3. GEORGES-Auguste-Ernest-Adolphe-Charles-
Louis, né 11 janvier 1824.

MEXIQUE.

Général *Antoine Lopez de Santa Anna,* président.

MODÈNE. — Lorraine. — Catholique.

FRANÇOIS IV-Joseph-Charles-Ambroise - Sta-
nislas d'Autriche ; né 6 octobre 1779, duc 9 juin
1815; veuf 14 novembre 1829, de

MARIE-BEATRIX-VICTOIRE-JOSÉPHINE, de Savoie, née 6 déc. 1792, remar. le 30 mars 1842, à
ALDEGONDE-AUGUSTE-CHARLOTTE-CAROLINE-ÉLISE-AMÉLIE-SOPHIE-MARIE-LOUISE de Bavière, née le 19 mars 1823.

Du premier mariage :
1. MARIE-THÉRÈSE-BÉATRIX-GAETANE, née 14 juillet 1817;
2. FRANÇOIS-FERDINAND-GEMINIEN, né 1er juin 1819;
3. FERDINAND-CHARLES-VICTOR, né 19 juillet 1821;
4. MARIE-BÉATRIX-ANNE-FRANÇOISE, née 13 fév. 1824.

NASSAU. — Luthérien.

ADOLPHE-GUILLAUME-CHARLES-AUGUSTE-FRÉDÉRIC, né 24 juillet 1817; succède 20 août 1839; marié à
ÉLISABETH-MICHELANOV, fille du grand-duc de Russie.

ÉTATS ROMAINS. — PAPE.

GRÉGOIRE XVI (MAUR-CAPELLARI), né à Bellune 18 septembre 1765; cardinal 21 mars 1825; élu pape à Rome 2 février 1831; couronné 6 février.

PARME. — LORRAINE. — Catholique.

MARIE-LOUISE-LÉOPOLDINE-FRANÇOISE-THÉRÈSE-JOSÉPHINE-LUCIE, d'Autriche, veuve le 5 mai 1821 de l'empereur NAPOLÉON, duch. de Parme, Plaisance et Guastalla, née 12 déc. 1791.

PAYS-BAS ou *NEERLAND*. — Nassau-Orange. — Calviniste.

GUILLAUME II-Frédéric - Georges - Louis,
grand-duc de Luxembourg, né 6 déc. 1792,
roi 7 octobre 1840, marié 21 février 1816, à
ANNE Paulovna, sœur de l'empereur de Russie,
née 18 janvier 1795.

De ce mariage :

1. GUILLAUME - Alexandre - Paul - Frédéric-
Louis, né 19 février 1817 ; marié le 18 juin 1839 à
SOPHIE - Frédérique - Mathilde de Wurtemberg,
née le 17 juin 1818.

De ce mariage :

a. GUILLAUME-Nicolas-Alexandre-Frédéric-
Charles-Henry, *prince héréditaire ;* né 4 septembre 1840 ;
b. La princesse. . . . née 6 juillet 1841.
2. Guillaume, ALEXANDRE-Frédéric-Constan-
tin-Nicolas-Michel, né 2 août 1818 ;
3. Guillaume-Frédéric-HENRI, né 13 juin 1820 ;
4. Wilhelmine-Marie-SOPHIE-Louise. Voy. Saxe-
Weimar, p. 88.

POLOGNE. — Catholique.

Nicolas, empereur de toutes les Russies ; roi de
Pologne 1er décembre 1825.

PORTUGAL. — Bragance. — Catholique.

MARIA II da Gloria Jeanne-Charlotte-Léopol-
dine-Isidore-da-Cruz-Françoise-Xavier-de-
Paule-Michel-Gabriel-Raphael-Louise-Gon-
zague, née 4 avril 1819, reine 2 mai 1826 ;
veuve 28 mars 1835, de

AUGUSTE-Charles-Eugène-Napoléon, *duc de Leuchtenberg ;* remariée 1er janvier 1836, à
FERDINAND - Auguste - François - Antoine de Saxe-Cobourg-Gotha, né 20 octobre 1816.

De ce mariage :

1. PIERRE D'ALCANTARA - Marie - Ferdinand - Michel - Raphael - Gabriel - Gonzague - Xavier - Jean - Antoine - Léopold - Victor - François - d'Assise - Jules - Amélie de Saxe-Cobourg-Gotha, *prince royal*, né 16 septembre 1837 ;
2. LOUIS-PHILIPPE - Marie - Ferdinand - Pierre - d'Alcantara - Antoine - Michel - Raphael - Gabriel - Gonzague - Xavier - François - d'Assise - Jean - Auguste - Jules de Saxe-Cobourg-Gotha, *duc d'Oporto*, né 31 octobre 1838 ;
3. JEAN - Marie - Ferdinand - Grégoire - Pierre - d'Alcantara - Michel - Raphael - Gabriel - Léopold - Carl - Antoine - François - d'Assise - Borja - Félix de Saxe-Cobourg-Gotha, *duc de Béja ;* né 16 mars 1842;
4. Marie - ANNE - Fernande - Léopoldine - Michel - Raphael - Gabriéle - Charlotte - Antoinette - Julie - Victoire - Praxède - Françoise - d'Assise Gonzague, née 21 juillet 1843.

PRUSSE. — Brandebourg. — Luthérien.

FRÉDÉRIC-GUILLAUME IV, né 15 octobre 1795; roi 7 juin 1840; marié 16 et 29 nov. 1823 à
ÉLISABETH - Louise de Bavière, née 13 novembre 1801.

Reuss-Greitz. — Luthérien.

HENRI XX, né 29 juin 1794, prince 31 octobre 1836, veuf 21 juillet 1838, de
SOPHIE-Marie-Thérèse, princesse de Lowenstein-Rosenberg, et remarié 1er octobre 1839, à

CAROLINE-Amélie-Élisabeth, née 19 mars 1819.

De ce mariage :

Chrétienne-Herminie-Louise-Henriette, née 25 décembre 1840.

Reuss-Schleiz. — Luthérien.

HENRI LXII, né 31 mai 1785, prince 17 avr. 1818.

Reuss-Schleiz-Koestritz. — Luthérien.

HENRI LXIV, né 31 mars 1787.

RUSSIE. — Holstein-Gottorp. — Grec.

NICOLAS Ier, né 7 juillet 1796 ; empereur 1er décembre 1825 ; marié 13 juillet 1817, à

ALEXANDRA-Feodorovna-Frédérique-Louise-Charlotte-Wilhelmine, de Prusse, née 13 juillet 1798.

De ce mariage :

1. ALEXANDRE, *grand-duc et césarévitsch*, né 29 avr. 1818, marié 28 avril 1841 veuf 10 août 1844 de Maximilienne-Wilhelmine-Auguste-Sophie-MARIE de Hesse, née 8 août 1824 ; qui, en entrant dans la religion grecque, reçut le nom de Marie-Alexandrovna.

De ce mariage :

a. ALEXANDRE-Alexandrovna, née 30 août 1842.

2. Marie, née 18 août 1819, mariée 14 juillet au prince Maximilien-Joseph-Eugène-Auguste, *duc de Leuchtenberg*, né 2 octobre 1817 ;

3. OLGA, née 11 septembre 1822 ;

4. ALEXANDRA, née 7 juillet 1825 ;

5. CONSTANTIN, né 21 septembre 1827 ;

6. NICOLAS, né 8 août 1831 ;

7. MICHEL, né 25 octobre 1832.

SARDAIGNE. — Savoie-Carignan. — Catholique.

CHARLES-ALBERT-Amédée, né 2 octobre 1798 ;
roi 27 avril 1831 ; marié 30 septembre 1817, à
Marie-THÉRÈSE-Françoise-Josèphe-Jeanne-
Bénédicte d'Autriche , née 21 mars 1801.

De ce mariage :

1. VICTOR-EMMANUEL-Marie-Albert-Eugène-
Ferdinand-Thomas, *duc de Savoie, prince royal,*
né 14 mars 1820, marié 12 mai 1842 à
Marie-ADELAIDE-Françoise-Renière-Elisabeth-
Clotilde d'Autriche, née 3 juin 1822.

De ce mariage :

a. CLOTILDE-Marie-Thérèse-Louise, née 2 mars
1843.
2. FERDINAND-Marie-Albert-Amédée-Phili-
bert-Vincent, *duc de Génes,* né 15 novembre 1822.

SAXE. — Luthérien.

FRÉDÉRIC-AUGUSTE, né 18 mai 1797, roi 6 juin
1836 ; veuf 22 mai 1832, de
CAROLINE-Ferdinande-Thérèse-Joséphine-
Déméthie, d'Autriche, née 8 avril 1801 ; remarié
24 avril 1833, à
MARIE-Anne-Léopoldine de Bavière, née 17 janvier 1805.

Saxe-Cobourg-Gotha. — Luthérien.

ERNEST-Antoine-Charles-Louis, né 2 janvier
1784, succède le 9 décembre 1806, et prend le
titre de *duc de Saxe-Cobourg-Gotha* 12 novembre
1826 ; veuf 30 août 1831, de
Dorothée-LOUISE-Pauline-Charlotte-Frédé-

RIQUE-AUGUSTE, de Saxe-Gotha-Altenbourg ;
remarié 23 décembre 1832, à
ANTOINETTE-FRÉDÉRIQUE-AUGUSTE-MARIE-ANNE
de Wurtemberg, née 17 septembre 1799.

Du premier mariage :

1. ERNEST - AUGUSTE - CHARLES - JEAN - LÉOPOLD-
ALEXANDRE-EDOUARD, *prince héréditaire*, né 21
juin 1818; marié 3 mai 1842 à
ALEXANDRINE-LOUISE-AMÉLIE-FRÉDÉRIQUE-ÉLISA-
BETH-SOPHIE de Bade.
2. ALBERT-FRANÇOIS-AUGUSTE-CHARLES-EMMANUEL,
né 26 août 1819; marié 10 février 1840, à
VICTORIA, reine de la Grande-Bretagne. Voy. page 75.

SAXE–MEININGEN–HILDBURGHAUSEN. — Luthérien.

BERNARD-ERICH-FREUND, né 17 décembre 1800;
succède 24 décembre 1803, marié 23 mars 1825, à
MARIE-FRÉDÉRIQUE-WILHELMINE-CHRISTINE de
Hesse-Cassel, née 6 septembre 1804.

De ce mariage :

1. GEORGES, *prince héréditaire*, né 2 avril 1826;
2. AUGUSTE-LOUISE-ADÉLAÏDE-CAROLINE-IDA, née
6 août 1843.

SAXE–ALTENBOURG. — Luthérien.

JOSEPH-FRÉDÉRIC-ERNEST-GEORGES-CHARLES, né
27 août 1789, succède 29 septembre 1834; marié
24 avril 1817, à
AMÉLIE-THÉRÈSE-LOUISE-WILHELMINE-PHILIP-
PINE de Wurtemberg, née 28 juin 1799.

De ce mariage :

1. ALEXANDRINE-MARIE-WILHEMINE. Voy. Hanovre.

2. HENRIETTE - FRÉDÉRIQUE - THERESE - ELISABETH ;
   née 9 octobre 1823 ;
3. ELISABETH-PAULINE-ALEXANDRINE , née 26 mars
   1826 ;
4. ALEXANDRINE - FRÉDÉRIQUE - HENRIETTE-PAU-
   LINE-MARIANNE-ELISABETH , née 18 juillet 1830.

SAXE-WEIMAR-EISENACH. — Luthérien.

CHARLES-FRÉDÉRIC , né 2 février 1783 , suc-
   cède 14 juin 1828 ; marié 3 août 1804, à
MARIE-PAULOVNA , née 16 février 1786, sœur de
   Nicolas , empereur de Russie.

De ce mariage :

1. MARIE-LOUISE-ALEXANDRINE, née 3 février 1808 ,
   mariée au pr. Frédéric-Charles-Alexandre de Prusse ;
2. MARIE-LOUISE-AUGUSTE-CATHERINE, née 30 sept.
   1811 ; mariée au pr. Frédéric-Guillaume de Prusse ;
3. CHARLES-ALEXANDRE-AUGUSTE-JEAN , grand-duc
   héréditaire, né 24 juin 1818, marié 8 octobre 1842, à
WILHELMINE-MARIE-SOPHIE-LOUISE de Nassau , née
   8 avril 1824.

SCHWARZBOURG-SONDERSHAUSEN. — Luthérien.

GUNTHER-FRÉDÉRIC-CHARLES , né 24 septembre
   1801, succède 3 sept. 1835 ; veuf 29 mars 1833 ,
   de
CAROLINE-IRÈNE-MARIE de Schwarzbourg-Rou-
   dolstadt ; remarié 29 mai 1835, à
FRÉDÉRIQUE-ALEXANDRINE-MARIE-MATHILDE-
   CATHERINE-CHARLOTTE - EUGÉNIE - LOUISE   de
   Hohenlohe-Oehringen, née 3 juillet 1814.

Du premier mariage :

1. ELISABETH-CAROLINE-LOUISE, née 22 mars 1829;
2. CHARLES-GUNTHER, *prince héréd.* né 7 août 1830.
3. GÜNTHER-LEOPOLD, né 2 juillet 1832.

SCHWARZBOURG-ROUDOLSTADT. — Luthérien.

FRÉDÉRIC-GUNTHER, né 6 novembre 1793, succède 28 avril 1807 ; marié 15 avril 1816, à
AMÉLIE-AUGUSTE d'Anhalt-Dessau, née 18 août 1793.

De ce mariage :

1. GUNTHER, né 5 novembre 1821, *prince héréditaire.*

SUÈDE ET NORVÈGE. — Luthérien.

JOSEPH-FRANÇOIS-OSCAR, né 4 juillet 1799 ; roi 8 mars 1844, marié à Stockholm 19 juin 1823, à
JOSÉPHINE-MAXIMILIENNE-EUGÉNIE de Beauharnais, né 14 mars 1807.

De ce mariage :

1. CHARLES-LOUIS-EUGÈNE, *duc de Scanie, prince royal*, né 3 mai 1826 ;
2. FRANÇOIS-GUSTAVE-OSCAR, *duc d'Upland*, né 18 juin 1827 ;
3. OSCAR-FRÉDÉRIC, *duc d'Ostrogothie*, né 21 janvier 1829 ;
4. CHARLOTTE-EUGÉNIE-AUGUSTE-AMÉLIE-ALBERTINE, née 24 avril 1830 ;
5. NICOLAS-AUGUSTE, *duc de Dalécarlie*, né 24 août 1831.

SUISSE.

De Rüttmann, président.

TEXAS.

Général *Houston*, président.

TOSCANE. — LORRAINE. — Catholique.

LÉOPOLD II Jean-Joseph-François-Ferdinand-Charles d'Autriche, né 3 octobre 1797, *grand-*

duc, 18 juin 1824; veuf en premières noces 24 mars 1832, de

MARIE-ANNE-Caroline de Saxe; remarié à Naples 7 juin 1833, à

MARIE-ANTOINETTE de Bourbon, née 19 décembre 1814.

Du premier mariage :

1. AUGUSTE - Ferdinande-Louise-Marie-Jeanne-Joséphine , née 1er avril 1825.

Du second mariage :

2. Marie -ISABELLE - Annonciade - Jeanne - Joséphine - Umilta - Apollonie - Philomène - Virginie-Gabrielle , née 21 mai 1834.

3. FERDINAND - Salvator - Marie - Joseph - Jean-Baptiste-François-Louis-Gonzague-Raffael-Ranieri-Janvier, *grand-prince héréd.*, né 10 juin 1835.

4. Marie - Christine - Annonciade - Louise - Anne-Jeanne-Joséphine-Agathe Dorothée-Philomène, née 5 février 1838.

5. CHARLES-Salvator-Marie-Joseph -Jean-Baptiste - Philippe-Jacques-Janvier-Louis-Gonzague-Renier, né le 1er mai 1839;

6. Marie-Anne-Caroline - Annonciade-Jeanne-Joséphine - Gabrielle-Thérèse-Marguerite - Philomène, née 9 juin 1840.

TURQUIE. — Musulman.

Abdul-Medjid-Khan, né le 19 avril 1823 (11 Schaban 1238 de l'hégire), succède 1er juillet 1839 (19 Rabié 11e 1255 de l'hégire).

Enfants du sultan.

1. Mohamed - Murad , né 22 septembre 1840.
2. Naimé, née 10 octobre 1840.
3. Spatime, née 1er novembre 1840.
4. Naïre, née 11 octobre 1841.

5. Hadidje, née 6 février 1842.
6. Abdul-Hamid, né 22 septembre 1842.
7. Adlije, née 19 octobre 1842.
8. . . . . née 18 août 1843.

Waldeck. — Luthérien.

GEORGES - Frédéric - Henri, né 20 septembre 1789; succède 9 septembre 1813; marié 26 juin 1823, à
EMMA d'Anhalt - Bernbourg - Schaumbourg, née 20 mai 1802.

De ce mariage :

1. AUGUSTE - Amélie - Ida, abbesse du chapitre de Schaaken, née 21 juillet 1824;
2. HERMINIE, née 29 septembre 1827;
3. GEORGES-Victor, *prince hér.* né 13 janv. 1831;
4. WOLCARD-Melandre, né 24 janvier 1833.

Wurtemberg. — Luthérien.

GUILLAUME Ier-Frédéric-Charles, né 27 septembre 1781; roi 30 octobre 1816; veuf 9 janvier 1819, de
CATHERINE - Paulovna de Russie, veuve en premières noces du prince Pierre-Frédéric d'Oldenbourg; remarié 15 avril 1820, à
PAULINE-Thérèse-Louise de Wurtemberg, née 4 septembre 1800.

Du premier mariage :

1. MARIE-Frédérique-Charlotte, née 30 octobre 1816; mariée le 19 mars 1840 à Alfred de Neipperg;
2. SOPHIE-Frédérique-Mathilde, née 17 juin 1818; mariée, le 18 juin 1839, au prince héréd. d'Orange.

Du second mariage :

3. CATHERINE-Frédérique-Charlotte, née 24 août 1821 ;

4. CHARLES-Frédéric-Alexandre, *prince royal*, né 6 mars 1823 ;

5. AUGUSTE-Wilhelmine-Henriette, née 4 octobre 1826.

LISTÈ

DES ARCHEVÊQUES ET ÉVÊQUES

DE FRANCE

DISTRIBUÉS PAR PROVINCES ECCLÉSIASTIQUES[1].

———

PROVINCE D'ALBI.

Albi (*civitas Albiensium*, *Albia*) occupe, dans la Notice des provinces de la Gaule, le quatrième rang parmi les cités de la première Aquitaine, dont Bourges était la métropole. Le siége épiscopal, qui y fut fondé dès le ıv⁣ᵉ siècle, resta, jusqu'à la fin du xvıı⁣ᵉ, suffragant de Bourges. Sur la demande de Louis XIV, Innocent XI, par une bulle du 3 octobre 1678, érigea Albi en métropole, et lui donna pour suffragants les évèchés de Castres, Mende, Cahors, Rodez et Vabres.

Supprimée en 1793, réunie en 1802 au diocèse de Montpellier, la métropole d'Albi fut rétablie en 1822 avec les évêchés de Mende, Cahors, Rodez et Perpignan pour suffragants.

ÉVÊQUES D'ALBI.

1. S. CLAIR.
2. ANTHIME.
3. DIOGÉNIEN, vers 406.

———

[1] Nous avons suivi l'ordre adopté par les auteurs du *Gallia Christiana*.

4. Anémius, 451.
5. Sabin, 506.
6. Ambroise, 549.
7. S. Saulve, 580.
8. Désiré, 586.
9. Constance, 625-647.
10. Richard, 647-673.
11. Citruin, 692-30 mai 698.
12. S. Amarand, 700.
13. Hugues Ier, 722.
14. Jean, 734.
15. Verdat, 812.
16. Guillaume Ier, 825.
17. Baudouin, 844.
18. Pandevius, 854.
19. Loup, 869-879.
20. Eloi, 886.
21. Adolenus, 887.
22. Godoleric, 920.
23. Paterne, 921.
24. Angelvin, 936.
25. Miron, 941.
26. Bernard Ier, 963.
27. Froterius, 972-987.
28. Amélius Ier, 987-990.
29. Ingelbin, 990.
30. Honorat, 992.
31. Amblard, 998.
32. Amélius II, 1019-1031.
33. Guillaume II, 1054.
34. Frotard, 1066-1085?
35. Guillaume III de Poitiers, 1087-1095.
36. Gautier, 1096.
37. Hugues II, 1099.
38. Adelgaire Ier, 1102.
39. Arnauld Ier *de Cecenno*, 1103.
40. Adelgaire II, 1109.
41. Sicard, 1115.

42. Bertrand, 1115-1125.
43. Humbert Ier Géraud, 1125-1127.
44. Guillaume IV, 1127-1128.
45. Hugues III, 1135-1143.
46. Rigaud, 1144-1156.
47. Guillaume V, 1157-1164.
48. Gérard ou Giraud, 1165-1176.
49. Claude d'Andria, 1183.
50. Guillaume VI Pierre, 1185-1227.
51. Durand, 24 avril 1228-1254.
52. Bernard II de Combret, 8 août 1254-vers 1271.
53. Bernard III de Castanet, 7 mars 1275-1308.
54. Bertrand II des Bordes, 1308-décembre 1310.
55. Géraud II, 1311-1314.
56. Béraud de Fargis, 1314-1333.
57. Pierre Ier de la Vie, 1334-1336.
58. Bernard IV de Camiet, 26 juillet-28 nov. 1337.
59. Guillaume VII Curti, 10 déc. 1337-18 déc. 1338.
60. Poitevin de Montesquiou, 27 janv. 1339-17 déc. 1350.
61. Arnauld Guillaume, 1351-nov. ou déc. 1354.
62. Hugues IV Aubert, 1355-11 mars 1379.
63. Dominique de Florence, 1379-1382.
64. Jean II de Saye, 1382-1383.
65. Guillaume VIII de la Voulte, 1383-1397.
66. Pierre II[1]?
67. Dominique de Florence, de nouveau, 1397-13 septembre 1409.
68. Pierre III Nepos, 5 sept. 1410-sept. ou oct. 1434.
69. Bernard V de Cazillac, 19 déc. 1435-2 nov. 1462.
70. Robert Dauphin[2], 1435-1462.
71. Jean III Jouffroi, 10 déc. 1462-10 déc. 1473.
72. Louis Ier d'Amboise, 24 janv. 1474-mai 1497.

[1] Il est mentionné dans une charte du 1er juillet 1386. Il fut probablement compétiteur de Guillaume.
[2] Compétiteur de Bernard de Cazillac.

73. Louis II d'Amboise, 22 mai 1497-1510.
74. Charles Robertet, déc. 1510-1515.
75. Jean-Jacques Robertet, 1515-26 mai 1518 ou 1519.
76. Adrien de Gouffier, cardinal de Boissy, 1519-24 juillet 1523.
77. Aymar de Gouffier, 1er août 1523-9 oct. 1528.
78. Antoine du Prat, 19 oct. 1528-9 juill. 1535.
79. Jean IV de Lorraine, 1536-1550.
80. Louis III de Lorraine, 1550-1561.
81. Laurent Strozzi, 1561-1567.
82. Philippe de Rodolphis, 1567-30 juin 1574.
83. Julien de Médicis, 1574-28 juillet 1588.
84. Alphonse Ier d'Elbène, août 1588-8 fév. 1608.
85. Alphonse II d'Elbène, 1608-1635.
86. Gaspard de Daillon, 26 oct. 1635-25 juill. 1676.

ARCHEVÊQUES D'ALBI.

1. Hyacinthe Serroni, 1678-7 janv. 1687.
2. Charles le Goux de la Berchère, janv. 1687-15 août 1703.
3. Henri de Nesmond, 15 août 1703-5 nov. 1719.
4. Armand-Pierre de la Croix de Castries, 5 nov. 1719-15 avril 1747.
5. Dominique de La Rochefoucauld, 29 juin 1747-1759.
6. Léopold-Charles de Choiseul-Stainville, 1759-1764.
7. François-Joachim de Pierre de Bernis, 1er juin 1764-1790.
   * *Jean-Joachim Gausserand, évêque constitutionnel, 3 avril 1791.*
8. Charles Brault, 1822-1832.
9. François-Marie-Edouard de Gualy, 18 mars 1833-1842.
10. Jean-Joseph-Marie-Eugène de Jerphanion, 1842.

CASTRES.

L'église de Castres (*Castra*), abbaye de l'ordre de Saint-Benoît, fondée en 647, fut érigée en évêché par Jean XXII, le 11 juillet 1317. Le nouveau diocèse fut démembré en entier de celui d'Albi. L'évêché de Castres a été supprimé en 1790.

ABBÉS DE CASTRES.

1. ROBERT, 647.
2. FAUSTIN, 673.
3. CITRUIN, 683-692.
4. BERTRAND, 692-722.
5. ALPHONSE, 722-734.
6. GRIMOALD, 812.
7. ADELME, 825.
8. ADALBERT, 844.
9. ELISACHAR, 854.
10. GILBERT, 858.
11. SALOMON, 864.
12. BERNON, 869.
13. RIGAUD, 874-888.
14. GUILLAUME, 921.
15. DURAND, 953.
16. SANCHE, 992-1020.
17. ARNAULD Ier, 1030.
18. GEREBRARD, 1043-1066.
19. ARNAULD II, 1085.
20. GÉRAUD, 1087-1099.
21. GODEFROI DE MURET, 1110-1115.
22. BÉGON, 1124.
23. RENAUD, 1124-1126.
24. AMELIUS HUGUE, 1127.
25. BERNARD, 1129.
26. PIERRE Ier, 1139.

27. Roger, 1141-1164.
28. Rigaud, 1164-1173.
29. Guilbert. 1176
30. Pierre II Isarn, 1190-1208.
31. Guillaume Ier, 1215-1226.
32. Adhémar, 1230.
33. Guillaume II Auger, 1247-1258.
34. Bérenger, 1268-1270.
35. Guillaume III, 1275.
36. Raimond-Bérenger, 1280.
37. Alziard, 1297-1303.
38. Bertrand-Bérenger, 1312.

ÉVÊQUES DE CASTRES.

1. Dieudonné Ier, 5 août 1317-1327.
2. Amelius de Lautrec, janv. 1328-1338.
3. Jean Ier des Prés, 1338-1353.
4. Etienne *de Abavo*, 1353-1359.
5. Pierre Ier de Bagnac, 1359-1364 ?
6. Raimond Ier de Sainte-Gemme, 31 mai 1364-1374.
7. Elie de Donzenac, 1375-30 mai 1383.
8. Gui de Roye, 8 oct. 1383-1386 ?
9. Dieudonné II, 1386-1388.
10. Jean II Engeard, 2 déc. 1388-27 mai 1418.
11. Aimeric Noel, 1418-oct. 1421.
12. Raimond II Mairose, 1422-22 oct. 1427.
13. Jean III Ardy, 1428.
14. Pierre II de Cotigny, 1430.
15. Gérard Machet, 1432-1448.
16. Maraud de Condom, 1449-6 août 1458.
17. Jean IV d'Armagnac, 1460-1493.
18. Charles Ier de Martigny, 1494-2 juill. 1509.
19. Jean V de Martigny, 1509.
20. Pierre III de Martigny, 1509-1526.
21. Charles II de Martigny, 1528-1530.
22. Jacques de Tournon, 1531-1535.

23. Antoine-Charles de Vesc, 1535-1551.
24. Claude d'Oraison, 1552-1583.
25. Charles III de Lorraine-Vaudemont, 1583.
26. Jean VI de Fossé, 1583-13 mai 1632.
27. Jean VII de Fossé, 13 mai 1632-sept. 1654.
28. Charles-François d'Anglure de Bourlemont, 1657-1662.
29. Michel Tuboeuf, juill. 1664-16 avril 1682.
30. Augustin de Maupeou, 3 juill. 1682-11 avril 1705.
31. Honoré de Quiquerand de Beaujeu, 25 oct. 1705-1736.
32. François de Lastic de Saint-Jal, 1736-24 mai 1752.
33. Jean-Sébastien de Barral, 1752-1773.
34. Jean-Marc de Royère, 1773-1790.

MENDE.

Suivant Adrien de Valois, l'évêché de Gévaudan (*Episcopatus Gabalitanus*), dont l'origine remonte au iiie siècle, ne fut transporté à Mende que vers l'an 1000. Jusque-là il avait son siége *in civitate Gabalorum*, dont la position n'est pas connue d'une manière certaine. L'opinion la plus probable place la cité des *Gabali* à Javouls, petit bourg situé à quatre lieues de Mende.

A l'époque du concordat de 1802, l'évêché de Mende, par suite du remaniement des circonscriptions ecclésiastiques, se trouva compris dans la province de Lyon; mais en 1822, lors du rétablissement du siége archiépiscopal d'Albi, il fut rendu à son ancienne métropole.

ÉVÊQUES DE MENDE.

1. S. Sévérien.
2. S. Privat.

3. S. Firmin.
4. Genialis, 314.
5. Valère, 451.
6. Leonicus, 506.
7. S. Hilaire, 535.
8. S. Evanthius, 541.
9. Parthenius, 595.
10. Agricole, 625.
11. S. Ilère ou Isère, 628.
12. S. Frodoald, 820.
13. Agenulphe, 875.
14. Guillaume Ier, 908.
15. Etienne Ier, 951.
16. Matefroi, 998.
17. Raimond, 1031.
18. Aldebert Ier de Peyre, 1052-1062.
19. Guillaume II, 1095.
20. Robert, 1098.
21. Aldebert II de Peyre, 1109.
22. Guillaume III, 1110-1150.
23. Aldebert III de Tournel, 1151-1187.
24. Guillaume IV de Peyre, 1187-1223.
25. Etienne II de Brioude, 1223-vers 1245.
26. Odilon Ier de Mercoeur, 1247-28 janv. 1273.
27. Etienne III, 1273-1279.
28. Julien, 1279.
29. Guillaume V Duranti, surnommé *le Spéculateur*, 1286-1er nov. 1296.
30. Guillaume VI Duranti, 1297-1328.
31. Bernard, 1329.
32. Jean Ier des Arcis, 1331.
33. P. cardinal de Sainte-Praxède, 1331.
34. Aldebert IV Lordet, 23 déc. 1331-1355.
35. Pierre Ier d'Aigrefeuille, 1355-1356.
36. Aldebert V de Peyre, 1357-1360.
37. Guillaume VII, 1361-1365.
38. Pierre II Gérard du Roure, 2 avril 1366-octobre 1368.

39. Le pape URBAIN V se réserve l'église de Mende, et la gouverne par des vicaires, 1368-19 déc. 1370.

40. GUILLAUME VIII DE CHANAC, 7 fév.-juill. 1371.

41. BOMPAR VIRGILE, 3 août 1371-31 juill. 1375.

42. PONS DE LA GARDE, 1377-1387.

43. JEAN II D'ARMAGNAC, 1387-1390.

44. ROBERT DE BOSC, 1390-1408.

45. GUILLAUME IX DE BOISRATIER, janv.-oct. 1408.

46. PIERRE III DE SALUCES, 1409-1412.

47. HÉRAUD DE MIREMONT, 1412-1413.

48. JEAN III DE CORBIE, 1415-1426.

49. RAMNULPHE DE PEYRUSSE D'ESCARS, 1426-1441.

50. ALDEBERT VI DE PEYRE DE MARCHASTEL, 1441-1443.

51. GUI DE LA PANOUSE, 1443-1466.

52. ANTOINE DE LA PANOUSE, 1468-28 juin 1473.

53. PIERRE IV RIARIO, 1473.

54. JEAN IV PETITDÉ, 1474-1478.

55. JULIEN DE LA ROVÈRE, 1478-1483.

56. CLÉMENT DE LA ROVÈRE, 1483-18 août 1504.

57. FRANÇOIS DE LA ROVÈRE, 1504-24 mai 1524.

58. CLAUDE DU PRAT, 1524-1532.

59. JEAN V DE LA ROCHEFOUCAULD, 1532-15 sept. 1538.

60. CHARLES Ier DE PISSELEU, 1538-1544.

61. NICOLAS D'ANGU, 1545-1567.

62. RENAUD DE BEAUNE, 1568-1583.

63. ADAM DE HURTELOU, 25 juill. 1586-27 juill. 1609.

64. CHARLES DE ROUSSEAU, 1609-4 nov. 1623.

65. DANIEL DE LA MOTHE DU PLESSIS-HOUDANCOURT, 19 fév. 1625-5 mars 1628.

66. SYLVESTRE DE CRUZY DE MARCILLAC, 26 mars 1628-20 oct. 1659.

67. HYACINTHE SERRONI, 1661-1676.

68. FRANÇOIS-PLACIDE DE BAUDRY DE PIANCOURT, 1677-13 déc. 1707.

69. PIERRE BAGLION DE LA SALLE DE SAILLANT, 24 décemb. 1707-27 sept. 1723.

70. Gabriel-Florent de Choiseul-Beaupré, 1723-
    7 juill. 1767.
71. Jean-Arnaud de Castellane, 1er nov. 1767-1790.
    Étienne Nogaret, évêque constitutionnel, 8 mai 1791.
72. Jean-Baptiste Chabot, 1802-1805.
73. Étienne-Martin Morel de Mons, 30 janv. 1805-
    1822.
74. Claude-Jean-Joseph Brulé de la Brunière,
    1822.

CAHORS.

La création du siége épiscopal de Cahors remonte au commencement du ivᵉ siècle. — De 1802 à 1822, c'est-à-dire pendant la suppression de la province d'Albi, Cahors fut suffragant de Toulouse.

ÉVÊQUES DE CAHORS.

1. S. Genulphe ou Genou.
2. Exupère, 339.
3. Florent, 370.
4. Alithius.
5. Boetius, 506-511.
6. Sustratius, 533.
7. Maxime ou Leucadius, 549.
8. Maurille, vers 570.
9. S. Ursice, 585.
10. S. Eusèbe.
11. Rustique, 622-629.
12. S. Didier, 630-654.
13. Capuan, 660.
14. S. Ambroise, 760.
15. Angaire, 783.
16. Étienne Ier, 822-852.

17. Guillaume Ier, 875.
18. Gérard ou Géraud Ier, 917.
19. Amblard, 930.
20. Bernard Ier, 960.
21. Étienne II, 964.
22. Frotaire, 968-990.
23. Gausbert, 990.
24. Bernard II, 1025.
25. Dieudonné, 1031-1036.
26. Bernard III, 1040.
27. Foulques Simonis, 1055-1063.
28. Bernard IV, 1067.
29. Géraud II de Gourdon, 1068-1112.
30. Géraud III de Cardaillac, 1113.
31. Guillaume II de Calmont, 1113-1130.
32. Raimond Ier, 1150.
33. Géraud IV Hector, 1152-1198.
34. Guillaume III, 1199-1205.
35. Barthélemi Ier, 1207.
36. Guillaume IV de Cardaillac, 1208-1234.
37. Pons d'Antejac, 1235-1236.
38. Géraud V de Barasc, 1238-1250.
39. Barthélemi II, 28 juill. 1250-1273.
40. Raimond II de Cornil, 1280-1293.
41. Sicard de Montaigu, 1293-1299.
42. Raimond III Pauchelli, 1300-1311.
43. Pierre de Latilli [1], 1311.
44. Hugues Géraud, 1311-1316.
45. Guillaume V de la Broa, 1316-juill. 1323.
46. Bertrand de Cardaillac, 1324-1364.
47. Bégon de Castelnau, 1366-1388.
48. François de Cardaillac, 1389-1404.
49. Guillaume VI d'Arpajon, 19 août 1404-1429.
50. Jean Ier du Puy, 1435-1438.

---

[1] Improprement nommé, dans le *Gallia Christiana*, Pierre de Cazillac. C'est le même qui devint, en 1313, évêque de Châlons-sur-Marne et chancelier de France.

51. JEAN II DE CASTELNAU, 18 oct. 1438-1460.
52. LOUIS Ier D'ALBRET, 1460-1465.
53. ANTOINE Ier ALLEMAN, 1465-1474.
54. GUICHARD D'AUBUSSON, 1475-1477.
55. ANTOINE II ALLEMAN, 18 déc. 1477-1493.
56. ANTOINE III DE LUZECH, 1494-1509.
57. GERMAIN DE GANAI, 1510-1513.
58. CHARLES-DOMINIQUE DE CARRETTO, 1513-1514.
59. LOUIS II DE CARRETTO, 1514-1524.
60. PAUL DE CARRETTO, 1524-1553.
61. ALEXANDRE FARNÈSE, 1554-1557.
62. PIERRE DE BERTRAND, 1557-3 sept. 1563.
63. JEAN III DE BALAGUIER DE MONTSALEZ, 1564-1576.
64. ANTOINE IV EBRARD, 1576-17 janv. 1599.
65. SIMÉON-ÉTIENNE DE POPIAN, 10 déc. 1601-29 mars 1627.
66. PIERRE HABERT, 1627-27 fév. 1636.
67. ALAIN DE SOLMINIHAC, 1636-31 déc. 1659.
68 NICOLAS SEVIN, 1660-1678.
69. LOUIS-ANTOINE DE NOAILLES, mars 1679-juin 1680.
70. HENRI-GUILLAUME LE JAY, 6 sept. 1680-22 avril 1693.
71. HENRI DE BRIQUEVILLE DE LA LUZERNE, 31 mai 1693-16 juill. 1741.
72. BERTRAND-JEAN-RENÉ DU GUESCLIN, 1741-1766.
73. JOSEPH-DOMINIQUE DE CHEYLUS, 1766-1776.
74. LOUIS-MARIE DE NICOLAÏ, 1777-1790.
    Jean Danglars, évêque constitutionnel, 1791.
75. GUILLAUME-BALTHAZAR COUSIN DE GRAINVILLE, 5 juill. 1802-1828.
76. PAUL-LOUIS-JOSEPH D'HAUTPOUL, 1828-1842.
77. DAVID BARDOU, 1842.

RODEZ.

L'évêché de Rodez fut fondé à la fin du ɪvᵉ siècle, suivant quelques auteurs, à la fin du vᵉ, suivant quelques autres. —Réuni en 1802 au diocèse de Cahors, le siége de Rodez a été rétabli eu 1822.

ÉVÊQUES DE RODEZ.

1. S. Amans.
2. S. Quintien, 506-511.
3. S. Dalmace, 516-581.
4. Théodose, 581-584.
5. Innocent.
6. S. Dieudonné, 599.
7. Verus, 625.
8. Aredius.
9. Faraud, 838.
10. Elisachar, 862.
11. Aymar Iᵉʳ, 865-876.
12. Frotard, 887.
13. Adalgaire. 895.
14. Gausbert, 909.
15. Dieudonné II, 922.
16. Georges, 933.
17. Aymar II, 935.
18. Etienne, 966.
19. Dieudonné III, 975.
20. Mainfroi, 986.
21. Arnaud, 1028.
22. Giraud, 1037.
23. Pierre Iᵉʳ, Bérenger de Narbonne, 1052 - vers 1070.
24. Pons Etienne, 1076-1090.
25. Raimond Frotard, 1095.
26. Aymar III, 1099-vers 1144.

27. Pierre II, 1146-1161.
28. Hugues, 1162-1210.
29. Pierre III Henri de la Treille, 1er juillet 1211-1234.
30. Bernard ou Bertrand Ier, 1235-vers 1244.
31. A... 1245-1246.
32. Vivien, 1247-1274
33. Raimond Ier de Calmont, 1274-1298.
34. Bernard Ier de Monastier, 1298-1299.
35. Gaston de Cornet, 13 avril 1300-2 mars 1301.
36. Pierre IV de Pleine-Cassagne, 1302-6 fév. 1318.
37. Pierre V de Castelnau, 5 mars 1318-1336.
38. Bernard II d'Albi, 1336-18 déc. 1338.
39. Gilbert de Contobon, 27 janv. 1339-1348.
40. Raimond II d'Aigrefeuille, 13 juin 1349-1361.
41. Faidit d'Aigrefeuille, 1361-1371 [1].
42. Jean de Cardaillac, 1371-1378.
43. Bertrand III Raffin, 1379-1386.
44. Henri de Serni, 1386-1398.
45. Guillaume Ier de la Tour d'Oliergues, 1398-1416.
46. Vital de Mauléon, 1416-1429.
47. Guillaume II de la Tour d'Oliergues, 1430-1457.
48. Bertrand IV de Chalançon, 1457-1488.
49. Bertrand V de Polignac, 1488-2 nov. 1501.
50. François Ier d'Estaing, 11 nov. 1501-1er novembre 1529.
51. Georges d'Armagnac, 1529-1560.
52. Jacques de Corneillan, 1560-30 août 1582.
53. François II de Corneillan, 1582-1614.
54. Bernardin de Corneillan, 1614-1636.
55. François III de Corneillan, 1636-1646.
56. Charles de Noailles, 1646-27 mars 1648.

---

[1] Le *Gallia Christiana* place ici un Bertrand de Cardaillac, qui n'a jamais existé. Voyez Baluz., *Vitæ Pap. Aven.*, t. II, col. 1310, et *Biblioth. de l'École des Chartes*, t. II, p. 554 et suiv.

57. HARDOIN DE PÉRÉFIXE , 1649-1662.
58. LOUIS ABELLY, 1662-1666.
59. GABRIEL DE VOYER DE PAULMY, 1667-1684.
60. PAUL - LOUIS - PHILIPPE DE LEZAY DE LUSIGNAN, 1684-25 févr. 1716.
61. ARMAND-JEAN DE LA VOYE DE TOUROUVRE, 1716-18 sept. 1733.
62. JEAN D'YSE DE SALÉON , 1735-1746.
63. CHARLES DE GRIMALDI, 1746-1770.
64. JÉRÔME-MARIE CHAMPION DE CICÉ, 1770-1780.
65. COLBERT DE SEIGNELAI, 1781-1790.
    Claude le Berthier, évêque constitutionnel, 1ᵉʳ *mai* 1791.
66. CHARLES-ANDRÉ-TOUSSAINT-BRUNO RAMOND DE LA LANDE, 10 avril 1823-1829.
67. PIERRE GIRAUD , 9 janv. 1830-2 déc. 1841.
68. JEAN-FRANÇOIS CROIZIER, 1842.

ARISITUM.

L'évêché d'*Arisitum* (l'Arzat), détaché du diocèse de Rodez, au commencement du vɪᵉ siècle, y fut réinté-gré dès 670. On a conservé les noms des quatre évêques suivants :

ÉVÊQUES D'ARISITUM.

1. DÉOTHAIRE, vers 531.
2. MUNDERIC, vers 572.
3. EMMON, 625.
4 MUMMOLE , 660.

VABRES.

    L'abbaye de Vabres, de l'ordre de Saint-Benoit, fondée en 862, par Raimond Ier, comte de Toulouse, fut érigée en évêché par Jean XXII, au mois de juillet 1317. Le nouveau diocèse fut entièrement démembré de celui de Rodez. Il a été supprimé en 1790.

ABBÉS DE VABRES.

1. ADALGISE, 862.
2. ROLLAND.
3. BERNARD Ier, 875.
4. FREDOLE Ier, 878.
5. BERNARD II, 883.
6. AIGON, 895-922.
7. FREDOLE II.
8. RAMNULPHE Ier, vers 930.
9. AIGFROI Ier, 936.
10. RAMNULPHE II, 942-956.
11. AIGFROI II, vers 970.
12. BERNARD III, 1060.
13. HUGUES, 1082.
14. BERNARD IV, 1092.
15. ANDRÉ, 1116.
16. RIGAUD, 1127.
17. PIERRE Ier, 1147.
18. GUILLAUME, 1159.
19. ARNAUD, 1160.
20. GÉRAUD, 1177.
21. ADHÉMAR, 1190.
22. BERNARD V, 1195-1217.
23. RAIMOND, 1220-1246.
24. BÉGON, 1248.
25. BERNARD VI JOURDAIN, 1253-1271.

26. Bernard VII de la Tour, 1285.
27. Pierre II d'Olargues, 1307-1317.

ÉVÊQUES DE VABRES.

1. Pierre d'Olargues, dernier abbé, 1317-1329.
2. Raimond d'Olargues, 1329-1347.
3. Gui de Ventadour, 1347-1352.
4. Pierre d'Aigrefeuille, 1352-1353.
5. Bertrand de Pibrac, 28 oct. 1353-1355.
6. Guillaume Bragose, 1356-1361.
7. Etienne de Vassignac, 1364-24 nov. 1412.
8. Guillaume de Bastide, 1418-1421.
9. Jean Pierre, 1421-1451.
10. Bernard le Blanc, 1453-1475.
11. Antoine Pierre de Narbonne, 23 avril 1477-21 juillet 1499.
12. Louis Ier de Narbonne, 1499-7 févr. 1518.
13. Renaud de Martigny, 8 avril 1519-27 mai 1536.
14. Georges d'Armagnac, 1536-1553.
15. Jacques de Corneillan, 1554-1560.
16. François Ier de la Valette-Parisot, 1560-18 mai 1585.
17. Thomas de Laure, 1586-1599.
18. François II de la Valette-Parisot, 1600-1622.
19. François III de la Valette-Parisot, 1622-20 novembre 1644.
20. Isaac Habert, 1645-15 sept. 1668.
21. Louis II de la Vergne de Montenard de Tressan, 1669-1672.
22. Louis III de Baradas, 14 janv. 1673-17 mars 1710.
23. Charles-Alexandre Le Filleul de la Chapelle, 1710-8 févr. 1764.
24. Jean de la Croix de Mairargues de Castries, 1764-1790.

PROVINCE D'AIX.

Sous la domination romaine, la seconde Narbonnaise renfermait six villes épiscopales, Apt, Riez, Fréjus, Gap, Sisteron et Antibes, qui, jusqu'au xiiie siècle, formèrent la province ecclésiastique d'Aix. En 1244, la cité métropolitaine perdit un de ses évêchés suffragants, par la translation du siége d'Antibes à Grasse, qui ressortissait à la métropole d'Embrun. Les choses restèrent en cet état jusqu'en 1790. En 1802, lors du rétablissement du culte, Aix reçut pour suffragants, les évêchés de Nice, Avignon, Ajaccio et Digne. Les événements de 1814 enlevèrent Nice à sa nouvelle métropole. Enfin, en 1822, la reconstitution de la province d'Avignon et le rétablissement de plusieurs évêchés supprimés lors du concordat, amenèrent un nouveau remaniement de la province d'Aix, qui comprit en conséquence les évêchés de Marseille, Fréjus, Digne, Gap et Ajaccio, auxquels vint s'adjoindre, en 1837, l'évêché nouvellement créé d'Alger.

ARCHEVÊQUES D'AIX.

1. S. Maximin, 1er siècle de l'ère chrétienne.
2. S. Sidoine.
3. Lazare, vers 400.
4. S. Bazile, vers 450.
5. Maxime, 524-541.
6. Avole, 549-555.
7. Francon, vers 560.
8. Pientius, 585.
9. Protais, vers 600.
10. N. 794.
11. Benoît, 828.
12. Robert Ier, 879-885.

13. Matefroi, 886.
14. Odolric, 928-947.
15. Israel, 948.
16. Sylvestre, 979.
17. Amaury Ier, 991.
18. Enguerrand, 1014.
19. Pons Ier, 1019.
20. Amaury II, 1032.
21. Pierre Ier, 1038-1048.
22. Pons II de Chateau-Renard, 1050.
23. Rostaing Ier d'Hières, 1060-1085.
24. Pierre II Geoffroi, 1085-1099.
25. Pierre III, 1099-vers 1112.
26. Foulques, 1118-1132.
27. Pons III de Lubières, 1132-1158.
28. Pierre IV, 1160-1165.
29. Guillaume, 1165.
30. Hugues Ier de Montlaur, 1166-vers 1175.
31. Bertrand de Rougiers, 1178.
32. Henri, 1180.
33. Gui de Fos, 1188-1211.
34. Bermond Cornu, 1212-1223.
35. Raimond Audibert, 1225-1246.
36. Jean Ier, 1248-1250.
37. Philippe Ier, 1251-1256.
38. Hugues II, 1256.
39. Guillaume Ier, Vice-Dominus, 1257-1272.
40. Grimier Carnazani, 1272-1282.
41. Rostaing II de Noves, 1282-fév. 1310.
42. Guillaume II de Mandagot, 1311-1312.
43. Robert II de Mauvoisin, 1313-1317.
44. Pierre V des Prés de Montpezat, 1318-1320.
45. Pierre VI, Auréol, 1321-1322.
46. Jacques de Cabriers, 10 juill. 1322-1er mai 1329.
47. Arnaud de Varcey, 1331.
48. Armand de Barces, vers 1335-1348.
49. Arnaud-Bernard de la Peirarède, vers 1350-1358.
50. Jean II Piscis, 1360-10 oct. 1368.

51. Géraud de Posilhac, vers 1370-1378.
52. Jean III d'Agoult, 1er juin 1379-22 sept. 1394.
53. Pierre VII d'Agoult, 1395?
54. Thomas *de Pupio*, vers 1398-1420.
55. Guillaume III Fillatre, 1421-1422.
56. Aimon Nicolaï, 1422-1436.
57. Robert III, Roger Damien, 1437-1458.
58. Olivier de Pennart, 1458-28 janv. 1484.
59. Philippe II Hébert, 27 fév. 1484-1499.
60. Christophe de Brillac, 1500-1502.
61. François de Brillac, 1502-1504.
62. Pierre VIII Filleul, 1505-22 janv. 1540.
63. Antoine Imbert, 22 janv. 1540-2 déc. 1550.
64. Jean IV de Saint-Romain, 1551-1566.
65. André d'Estienne, 1567.
66. Laurent Strozzi, 14 avril 1568-déc. 1571.
67. Julien de Médicis, 1571-1575.
68. Alexandre Canigiani, 1576-21 mars 1591.
69. Gilbert Genebrard, 1591-26 janv. 1596.
70. Paul Hurault de l'Hôpital, 1598-sept. 1623.
71. Gui Hurault de l'Hôpital, 1623-3 déc. 1625.
72. Alphonse-Louis du Plessis de Richelieu, 1626-1629.

73. Louis de Bretel, 1630-15 mars 1645.
74. Michel Mazarin, 1645-1er sept. 1648.
75. Jérôme de Grimaldi, 20 sept. 1648-4 nov. 1685.
76. Charles le Goux de la Berchère, nov. 1685-janv. 1687.
77. Daniel de Cosnac, janv. 1687-8 janv. 1708.
78. Charles-Gaspard-Guillaume de Vintimille, 1er février 1708-12 mai 1729.
79. Jean-Baptiste-Antoine de Brancas, 1729-1770.
80. Jean-de-Dieu-Raimond de Boisgelin de Cucé, 1770-1790.

Charles-Benoît Roux, *évêque constitutionnel, 3 avril 1791.*

81. Jérôme-Marie Champion de Cicé, 1802-1810.

82. GASPARD-JEAN-ANDRÉ-JOSEPH JAUFFRET, 5 janvier 1811-1816.
83. PIERRE-FRANÇOIS-GABRIEL-RAIMOND-IGNACE-FERDINAND DE BEAUSSET-ROQUEFORT, 1817-1829.
84. CHARLES-ALEXANDRE DE RICHERY, 1829-1830.
85. JACQUES RAILLON, 14 déc. 1830-1835.
86. JOSEPH BERNET, 6 oct. 1835.

ÉVÊQUES D'APT.

1. S. AUSPICE, vers 95.
2. LÉONIUS, vers 300.
3. S. QUINTIN, vers 400.
4. S. CASTOR, vers 410.
5. SILLUCIUS, 431.
6. AUXANIUS, 436.
7. ASCLEPIUS, 439-455.
8. LÉONCE, 463-474.
9. PRÉTEXTAT Ier, 475-vers 535.
10. PRÉTEXTAT II, vers 540-545.
11. EUSÈBE, 546-548.
12. CLÉMENTIN, 549-vers 575.
13. PAPPUS, vers 580-585.
14. S. PIERRE, 691.
15. MAGNERIC, 788-792.
16. GÉRARD, 796.
17. SENDARD, 835.
18. PAUL Ier, 852.
19. TEUTBERT, 859.
20. RICHARD, 879.
21. PAUL II, 886.
22. WERNER, 894.
23. ROSTAING, 950.
24. ARNOUL, 960.
25. NARTOLD Ier, 967.
26. ÉTIENNE Ier, 979.

**

27. Nartold II, 982.
28. Theuderic, 991.
29. Hilbold, 999.
30. S. Étienne II, 1010-6 nov. 1046.
31. Léger Ier, 1047.
32. Éliphant, 1048-1068.
33. Isoard, 1095.
34. Bertrand Ier, 1102.
35. Léger II d'Agoult, 1124.
36. Raimond Ier, 1145-1151.
37. Rainard, 1152.
38. Guillaume Ier Astra, 1155.
39. Pierre Ier de Saint-Paul, 1162-3 nov. 1179.
40. Guiraud Ier, 1180-1202.
41. Pierre II de Saint-Paul, 1202.
42. Geoffroi Ier, 1211-1229.
43. Geoffroi II, 1229-1243.
44. Guillaume II Centulio, 1244-26 janv. 1246.
45. Geoffroi III de Dalmas, 1247-28 août 1256.
46. Pierre III Bayle, 11 nov. 1256-30 mai 1268.
47. Ripert de Viens, 1268-1er fév. 1269.
48. Raimond II Centulio, juin 1271-10 juillet 1275.
49. Raimond III Bot, 5 sept. 1275-22 août 1303.
50. Hugués Bot, nov. 1303-1318.
51. Raimond IV Bot, 1320-janv. 1330.
52. Guiraud II de Corbières, 1330.
53. Bertrand II Acciajoli, 7 juillet 1331-1332.
54. Guillaume III Astier, 12 juin 1332-1340.
55. Guillaume IV Audebert, 1340-1341.
56. Guillaume V l'Ami, 1342-1345.
57. Arnaud, 1346-1348.
58. Bertrand III, 17 sept. 1348-1350.
59. Bernard, 1351-1352.
60. Bertrand IV de Meissenier, 1353-1357.
61. Elzéar de Pontevès, 27 juin 1357-déc. 1361.
62. Raimond V Bot, 1362-13 avril 1382.
63. Raimond VI de Savine, 1382-1384.

64. Gérard, 1385–nov. 1390.

65. Jean Ier Filleti, 9 janv. 1391–10 juin 1410.

66. Pierre IV Perrigant, 1410-1411.

67. Pérégrin, 1412.

68. Constantin de la Treille, 1416-1430.

69. Etienne III, 17 juillet 1431-1437.

70. Pierre V Nasondi, 25 nov. 1437-1447.

71. Pierre VI Nasondi, 1448-1er juillet 1467.

72. Jean II Ortigue, 6 sept. 1467-1482.

73. Agricole de Panisse, 18 juillet 1482-5 février 1490.

74. Jean III de Chabrol, mars 1490–nov. 1491.

75. Jean IV de Montaigu, 6 août 1494-10 sept. 1527.

76. Jean V Nicolaï, 1527-mars 1533.

77. César Trivulce, 1533-1541.

78. Pierre VII de Forli, 1er déc. 1541-1557.

79. Jean - Baptiste - Raimbaud de Simiane, 1560-1571.

80. Francois de Simiane, 1571-6 mai 1587.

81. Pompée de Pérille, 1587-28 janv. 1607.

82. Jean VI Pélissier, 28 janv. 1607-28 nov. 1629.

83. Modeste de Villeneuve-des-Arcs, 28 fév. 1630-7 janv. 1670.

84. Jean VII de Gaillard, 1er janv. 1671-28 janvier 1695.

85. Joseph-Ignace de Foresta, 7 sept. 1695-1722.

86. Jean-Baptiste de Vaccon, 1722-7 déc. 1751.

87. Félicien Bocon de la Merlière, 6 janv. 1752-1778.

88. Laurent-Michel Fon de Cély, 1778-1790.

(*Évéché supprimé.*)

ÉVÊQUES DE RIEZ.

1. S. Prosper, vers 400.
2. S. Maxime, 433.
3. Fauste Ier, 462.
4. Contumeliosus, 524.
5. Fauste II, 549.
6. Emétérius, 554.
7. Claudien, 573.
8. Urbicus, 585.
9. Claude, 625-650.
10. Thomas.
11. Archenricus.
12. Absalon.
13. Norbert, 813.
14. Bernaire, vers 850.
15. Edold, 879.
16. Géraud, 936.
17. N., 966.
18. Almeraud, 990-1031.
19. Ermengaud, 1032.
20. Bertrand Ier, 1040-1052.
21. Bertrand II, 1060.
22. Agelric, 1068.
23. Augier, 1069-14 mars 1133.
24. Foulques Ier, 1135-avril 1138.
25. Pierre Ier Géraud, 1138-29 janv. 1160.
26. Hugues Ier de Montlaur, 1160-1166.
27. Henri, 1179.
28. Adalbert de Galbert, 1180-1188.
29. Bertrand III Garcin, 1189.
30. Imbert, 1190.
31. Hugues II Raimond, 1195-1223.
32. Rostaing de Sabran, 1223-1239.
33. Foulques II de Cailla, 1240-26 juin 1273.

34. Matthieu Ier de Puppio, 1273-juin 1288.
35. Pierre II Negrel, 1288-5 juin 1306.
36. Pierre III Gantelmi, 13 juillet 1306-13 mars 1316.
37. Gaillard Saumate, 1316-1317.
38. Pierre IV des Prés, 1318-1319.
39. Rossolin de Baux, 1319-1329.
40. Arnaud Sabathier, 1329-5 août 1334.
41. Geoffroi Rabeti, 1336-26 juillet 1348.
42. Jean Ier Joffevri, 1348-1351.
43. Pierre V Fabri, 1352-1369.
44. Jean II de Maillac, 1370-1399.
45. Guillaume Ier Fabri, 1400-31 déc. 1412.
46. Pierre VI Fabri, 1413-1415.
47. Michel Ier de Bouliers, 1416-29 sept. 1441
48. Michel II de Bouliers, 1441-11 février 1449.
49. Robert Ier, 1449-1450.
50. Jean III Facci, 1450-1462.
51. Matthieu II, 1463-1466.
52. Marc de Lascaris, 1466-1490.
53. Antoine de Lascaris, sept. 1490-1523.
54. Thomas-Innocent de Lascaris, 1523-11 avril 1526.
55 François Ier de Dinteville, 1527-1530.
56. Robert Cenalis, 7 mai 1530-1532.
57. Antoine de Lascaris (de nouveau), 1532-25 juillet 1546.
58. Jean-Louis de Bouliers, 1546-1550.
59. Lancelot de Carle, 1551-juillet 1568.
60. Nicolas Ier Ebrard, 29 août 1568-1569.
61. André d'Oraison de Cadenet, 1570-1574.
62. Elzéar de Rastelles, 4 sept. 1577-28 oct. 1597.
63. Charles de Saint-Sixte, 22 nov. 1599-13 avril 1614.
64. Guillaume II Alleaume, 1615-1621.
65. Gui Bentivoglio, 1622-15 sept. 1625.

66. François II de la Fare-Lopis, 1625-28 septembre 1628.
67. Louis-Doni d'Attichy, 5 oct. 1628-1652.
68. Nicolas de Valavoire, 10 mai 1652-28 avril 1685.
69. Jacques Desmarets, août 1685-1713.
70. Louis - Balthasar Phélippeaux d'Herbault, 15 août 1713-sept. 1751.
71. Lucrèce-Henri-François de la Tour du Pin de Gouvernet de la Chau-Montauban, 1751-1772.
72. François de Clugny, 1772-1790.

(*Évéché supprimé.*)

ÉVÊQUES DE FRÉJUS.

1. Acceptus, vers 374.
2. Quillinius, vers 400.
3. S. Léonce Ier, 419-vers 433.
4. Théodore, 433-vers 460.
5. S. Léonce II, 475.
6. S. Ausile, 483.
7. Victorin, 506.
8. Jean Ier, 521.
9. Lupercien, 527.
10. Didier, 536.
11. Expectat, 550.
12. Astier.
13. Rustique.
14. Auger.
15. Jacques Ier.
16. Barthélemy Ier.
17. Bérenger Ier.
18. Romain.
19. Benoît, 909.
20. Gonthier, 946.
21. Jean II, 963.

22. Humbert, 970.
23. Riculphe, 974.
24. Almeraud, 990.
25. Pierre Ier, 1000.
26. Bérenger II, 1015-1027.
27. Bertrand Ier, 1036.
28. Gaucelin, 1038-1052.
29. Bertrand II, 1056.
30. Bérenger III, vers 1070.
31. Bertrand III, 1085.
32. Bérenger IV, 1090-1131.
33. Bertrand IV, 1131-1145.
34. Guillaume Ier, 1150.
35. Pierre II, 1156-1165.
36. Frédolon d'Anduze, 1174.
37. Foulques, 1192.
38. Guillaume II du Pont, 1195.
39. Raimond Ier, 1203.
40. Bermond ou Bernard Cornu, 1205-1212.
41. Bertrand V de Saint-Laurent, 1212 - vers 1233.
42. Olivier, 1234.
43. Raimond II, 1236-1247.
44. Bérenger V, 1248.
45. Bertrand VI, 1255-1263.
46. Guillaume III de Sully, 1265.
47. Pierre III de Camaret, 23 déc. 1265-24 décembre 1266.
48. Guillaume IV, 1269-vers 1280.
49. Bertrand VII de Favas, 1285-déc. 1296.
50. Jacques II d'Uèse, 1300-1310.
51. Barthélemi II Le Gras, 1312-mars 1341.
52. Jean III d'Arpatelle, 1341-1345.
53. Guillaume V d'Aubussac, 1345-1347.
54. Pierre IV Allignan de Clermont, 1347-1348.
55. Guillaume VI l'Ami, 1350-juin 1360.
56. Edmond, 1360.

57. Pierre V, 1361.
58. Guillaume VII de Ruffec, 1363-1365.
59. Raimond III Daronis, 1365-1368.
60. Guillaume VIII de la Font, 1368-1371.
61. Bertrand VIII de Villemur, 1372-30 mars 1385.
62. Louis Ier de Bolhiac, août 1385-13 avril 1405.
63. Gilles le Jeune, 1406-1421.
64. Jean IV Bellard, 1421-1448.
65. Jacques III Seguin, 1452-1454.
66. Jean V du Bellay, 7 nov. 1455-1461.
67. Léon Ier Guérinet, 1461-1473.
68. Urbain Ier de Fiesque, 1474-9 oct 1485.
69. Robert de Briçonnet, 1486-1487.
70. Nicolas Ier de Fiesque, 1487-1488.
71. Raimond IV d'Ancesune de Caderousse, 1488.
72. Rostaing d'Ancesune de Caderousse, 1489-1495.
73. Nicolas II de Fiesque, 1496-1524.
74. François Ier des Ursins, 1525-janv. 1533.
75. Léon II des Ursins, janv. 1533-11 mai 1564.
76. Bertrand IX de Romans, 1565-22 mars 1579.
77. François II de Bouliers, 1579-1587.
78. Giraud Bellanger, 1588-1595.
79. Barthélemi III de Camelin, 1596-12 juin 1637.
80. Pierre VI de Camelin, 12 juin 1637-fév. 1654.
81. Joseph Zongo Ondedei, 1654-1674.
82. Antoine-Benoît de Clermont-Tonnerre-Cruzy, 22 nov. 1674-août 1678.
83. Luc d'Aquin, 1680-1697.
84. Louis d'Aquin, 2 janv. 1697-1er nov. 1698.
85. André-Hercule de Fleury, Ier nov. 1698-1715.
86. Joseph-Pierre de Castellane, 18 janvier 1715-1739.
87. Martin du Bellay, 1739-1766.
88. Emmanuël-François de Beausset de Roquefort, 1766-1790.
   Jean-Joseph Rigouard, évêque constitutionnel, 22 mai 1791.

(L'évêché de Fréjus, réuni en 1802 au diocèse d'Aix,
a été rétabli en 1822.)

89. Charles-Alexandre de Richery, 1823-1829.
90. Louis-Charles-Jean-Baptiste Michel, 1829.

ÉVÊQUES DE GAP.

1. S. Démétrius.
2. S. Constantin, 439.
3. S. Constance, 517.
4. S. Tygride, vers 525.
5. S. Remède, vers 535.
6. Vellesius, 541-557.
7. Sagittaire, 566-vers 580.
8. S. Arige, 584-1er mai 604.
9. Valenton, 605.
10. Potentissime, 650.
11. Symphorien, 730.
12. Donnadieu, 788.
13. Biricon, 876.
14. Castus, 955.
15. Faraud, 1010-1040.
16. Raoul, 1045.
17. Rupert, 1055.
18. S. Arnoul, vers 1056.
19. Rupert (de nouveau), 1060-1075.
20. Léger Ier, 1079.
21. Otton, 1081.
22. Isoard, 1099.
23. Armand, 1104.
24. Léger II, 1105-1121.
25. Pierre Ier Gratinelli, 1122-1129.
26. Guillaume Ier, 1130.
27. Raimond Ier, 1150-1156.
28. Grégoire Ier, 1157-vers 1180.

29. Guillaume II, 1184.
30. Guillaume III, 1205.
31. Grégoire II, 1210.
32. Hugues, 1215.
33. Guillaume IV d'Esclapon, 1217-vers 1240.
34. Robert, 1245-1247.
35. Eudes de Grasse, 1251-1281.
36. Raimond II de Mévouillon, 1281-1289.
37. Geoffroi de Lincel, 1289-juin 1314.
38. Gaucher Ier, 1315.
39. Olivier-Aymar de Laye, oct. 1315-1316.
40. Guillaume V Gibelin, 1317-1328.
41. Dragonet de Ledrac, 1329-1345.
42. Henri de Poitiers, 8 juillet 1349-1354.
43. Gibert, 1354-1358.
44. Jacques Ier, 1359-1361.
45. Guillaume VI, 1361-1364.
46. Othon, 1364-1365.
47. Jacques II, 1365-1367.
48. Guillaume VII Etienne, 1371-1375.
49. Jacques III, 1378-1380.
50. Artaud ou Bertrand de Mehelles, 1380-1382.
51. Jean de Saints, 1405-1409.
52. Alexis de Siregnio, 1410-1411.
53. Léger III d'Eyragues, 1412-1429.
54. Guillaume VIII Forestier, 1429-1447.
55. Gaucher II de Forcalquier, 1448-1484.
56. Gabriel Ier d'Esclaffenatis, 1493-11 nov. 1526.
57. Gabriel II de Clermont, avril 1527-1572.
58. Pierre II Paparin de Chaumont, 28 nov. 1572-
    1596.
59. Charles-Salomon Duserre, 1598-1637.
60. Artus de Lionne, 1637-1661.
61. Pierre III Marion, 14 déc. 1661-25 août 1675.
62. Guillaume IX Meschatin de la Faye, 1675-11
    févr. 1679.
63. Victor-Augustin Méliand, 21 juill. 1679-1684.

64. Charles-Bénigne Hervé, 1684-1706.
65. François Berger de Malissol, 3 avril 1706-21 août 1738.
66. Claude de Chabannes, 1739-1741.
67. Jacques-Marie de Caritat de Condorcet, 1741-1754.
68. Pierre-Annet de Pérouse, 1754-18 juill. 1763.
69. François de Narbonne-Lara, 1763-1773.
70. François-Gaspard de Jouffroy de Goussans, 1774-1777.
71. Jean - Baptiste - Marie de Maillé de la Tour-Landry, 1777-1784.
72. François-Henri de la Broue de Vareilles, 1784-1790.

(L'évêché de Gap, réuni en 1802 au diocèse de Digne, a été rétabli en 1822.)

73. François-Antoine Arbaud, 1823-1835.
74. Nicolas-Augustin de la Croix d'Azolette, 1835-4 déc. 1839.
75. Louis Rossat, 1840-1844.
76. N. Dépery, évêque nommé.

ÉVÊQUES DE SISTERON.

1. Chrysaphius, 452.
2. Jean Ier, 509.
3. Valère, 517.
4. Avole, 541.
5. Geniez, 573.
6. Pologronius, 584.
7. Secondin, 619-657.
8. Magnibert, 659-718.
9. Amant, 718-729.
10. Virmagnus, 730-750.
11. Bon Ier, 750-805.
12. Jean II, 812.
13. Campanus, 851.
14. Bon II, 867.
15. Viventius, 870-881.
16. Eustorge, 882-926.
17. Arnoul, 926-vers 960.
18. Ursus, 963.
19. Humbert Ier, 966.
20. Raoul Ier, 981.
21. Front, 1015-1030.
22. Durand, 1030.
23. Pierre Ier, 1030.
24. Géraud Ier, 1035.
25. Pierre II, 1045.
26. Géraud II Chevrier, 1061-vers 1080.
27. Charles Ier, vers 1090.
28. Bertrand Ier, 1102.
29. Géraud III, 1110-1124.
30. Raimbaud, 1125-1143.
31. Pierre III de Sabran, 1143-1169.
32. Bertrand II, 1169-1174.
33. Bermond d'Anduze, 1174-vers 1200.
34. Pons de Sabran, 1206.

35. RAOUL II, 1216-1241.
36. HENRI DE SUZE, 1241-1250.
37. HUMBERT II, juillet 1251-1257.
38. JEAN III ALAIN, 1257-1277.
39. PIERRE IV GIRARD DE PUY-MICHEL, oct. 1277-1291.
40. PIERRE V D'ALAMON, 1291-1er avril 1303 ou 1304.
41. JACQUES Ier, GANTELMI, 1304-1309.
42. ROSTAING Ier, 1309-1310.
43. RAIMOND Ier D'OPPÈDE, 2 août 1310-1326.
44. ROSTAING II, 1326-1348.
45. PIERRE VI AVOGADRI, 1349.
46. GÉRAUD IV, 1363-1364.
47. PIERRE VII, 1364-1365.
48. BERTOLD, 1365.
49. GÉRAUD V, 1365-vers 1370.
50. RENOUL DE CORZE DE MONTERUC, 1370-1378.
51. ARTAUD OU BERTRAND III DE MÉHELLES, 1382-1400.
52. ROBERT DUFOUR, 1400-1436.
53. MITRE Ier GASTINELLI, 1438-1439.
54. GAUCHER DE FORCALQUIER, 1440-1441.
55. RAIMOND II, 1442-1445.
56. CHARLES II DE BORNAS, 1446-1448.
57. MITRE II GASTINELLI, 1448-1456.
58. JACQUES II DU PONT-LORRAIN, 1458-1461.
59. ANDRÉ DE PLAISANCE, 1464-1477.
60. JEAN IV ESQUENART, 1477-1492.
61. THIBAUD DE LA TOUR, 1492-juillet 1499.
62. LAURENT BURHEAU, 11 juillet 1499-5 juillet 1504.
63. PIERRE VIII FILLEUL, sept. 1504-1508.
64. FRANÇOIS DE DINTEVILLE, 1508-1514.
65. CLAUDE Ier DE LOUVAIN, 1514-1519.
66. MICHEL DE SAVOIE, 1520-1522.
67t CLAUDE II D'HAUSSONVILLE, 30 déc. 1522-31 août 1531.
68. ANTOINE Ier DE NARBONNE, 1531-1541.

69. Aubin de Rochechouart, 1542-1544.
70. Aimeric de Rochechouart, 1545-1582.
71. Antoine II de Cuppis, 1584-1606.
72. Toussaint de Glandevès de Cujes, 1607-17 janvier 1648.
73. Antoine III d'Arbaud de Matheron, 17 juillet 1648-26 mai 1666.
74. Michel Poncet, 1667-1674.
75. Jacques III Potier de Novion, 1675-1680.
76. Louis Thomassin, 1680-13 juillet 1718.
77. Pierre-François Lafitau, 1719-5 avril 1764.
78. Louis – Jérôme de Suffren de Saint-Tropez, 1764-1789.
79. François de Bovet, 1789-1790.

(*Évéché supprimé.*)

Jules Marion.

MUSÉE DE VERSAILLES.

—

NOTICE

SUR LES CINQ SALLES DES CROISADES
ET SUR LES PERSONNAGES DONT LES NOMS ET LES ARMES
Y FIGURENT.

La galerie des Croisades du musée de Versailles est située au rez-de-chaussée, à côté de la chapelle du château. Elle se compose de cinq salles carrées, qui forment une espèce de fer à cheval, et dont la plus grande occupe le milieu. Une série de tableaux y doit représenter les siéges, les combats et les principaux faits d'armes des guerres saintes; quelques-uns, en petit nombre, sont déjà en place ; des cadres et des tentures, provisoires attendent les autres.

Pour consacrer la mémoire des princes et des chevaliers qui ont pris part à ces grandes expéditions d'outre-mer, ou décida que l'on peindrait sur des écussons les armoiries des seigneurs croisés et que leurs noms seraient inscrits au-dessous. On fit un premier travail par lequel le chiffre des admissions s'éleva à trois cent seize. On distribua les écussons en deux séries. Ceux de la première furent rangés comme à une place d'honneur sur les piliers qui partagent transversalement la grande salle. On les réserva pour les noms et les armes des princes souverains ou des seigneurs les plus puissants et les plus illustres. Cette série renferme 74 écussons, appartenant à une cinquantaine de maisons, dont quatre ou cinq seulement ne sont pas éteintes.

L'autre série, placée sur les frises de la grande salle,

contient 242 écussons, dont une soixantaine portent les noms et les armes de familles qui existent encore.

Peu de personnes avaient eu connaissance des travaux qui s'exécutaient dans la grande salle des croisades. Lorsqu'ils furent terminés et que la galerie fut ouverte au public, beaucoup de familles dont les ancêtres avaient figuré dans les guerres saintes s'empressèrent de faire valoir leurs droits à l'admission de leurs noms et de leurs armes. Une découverte inattendue vint encore augmenter le nombre des demandes. Dans un cabinet de vieux titres on retrouva une collection d'actes originaux relatifs aux croisades. C'étaient pour la plupart des obligations contractées par les seigneurs, qui, ruinés par la longueur du voyage de Palestine, avaient été contraints d'emprunter de l'argent aux marchands de Gênes et de Pise.

Pour faire droit aux réclamations, dont le nombre ne tarda pas à égaler celui des admissions primitives, on consacra à des inscriptions nouvelles les frises et les plafonds des salles carrées. On ferma la galerie, et les travaux, repris en 1841, ne furent achevés qu'en juin 1843. Trois de ces salles contiennent 87 écussons; la quatrième n'en a que 86, ce qui donne un total de 347.

L'œuvre semblait terminée et close sans retour; mais la justice de plusieurs demandes et le crédit des personnes qui les faisaient rendirent indispensable une nouvelle addition, et, au mois d'avril 1844, vingt écussons furent peints sur les panneaux étroits qui séparent les fenêtres des murs latéraux, dans la deuxième et dans la troisième salle. Ce dernier supplément a porté le nombre des écussons à 683.

Nous allons donner ici, par ordre alphabétique, la liste des seigneurs dont les noms et les armes ont été inscrits dans la galerie des croisades, en indiquant à quelle maison ils appartiennent, et quels titres ont été fournis pour leur admission.

Liste des seigneurs croisés dont les écussons figurent au musée de Versailles, et indication de la croisade, de la salle, de la province et de la famille auxquelles ils appartiennent.

1190. — ABZAC (Jourdain d'), en Périgord. — Acte d'emprunt. — 2e salle carrée.

1190. — AGOULT (Isnard d'), d'une maison de Provence, dont sont issus les Simiane et les Pontevès. — Acte d'emprunt. — 2e salle carrée.

* ¹ 1096. — AGRAIN (Eustache d'), prince de Sidon, connétable du royaume de Jérusalem et vice-roi durant la captivité de Baudouin II, était d'une maison originaire du Vivarais, éteinte depuis quelques années. Les chroniqueurs lui ont donné le nom de *bouclier et d'épée de la Palestine.* — Historiens. — Grande salle.

1248. — ALBIGNAC (Dieudonné d'), en Languedoc. — Acte d'emprunt. — 4e salle.

1190. — ALBON (André d'), en Lyonnais. — Acte d'emprunt. — 1re salle.

* 1096. — ALBRET (Amanieu sire d'), entra le premier dans Jérusalem. Sa maison s'éteignit en 1562, par la mort de Henri Ier, roi de Navarre, dont la fille Jeanne d'Albret épousa Antoine de Bourbon, père de Henri IV. — Historiens. — Grande salle.

* 1345. — ALEMAN (Jean), du Dauphiné, d'une maison éteinte au seizième siècle, suivit Humbert, dauphin de Viennois, en terre sainte. — Acte tiré des archives du royaume. — 4e salle.

* 1096.—ALENÇON (Philippe le Grammairien, comte d'), de la maison de Bellesme, en Normandie, mourut au siége d'Antioche. — Historiens. — Grande salle.

---

¹ Nous avons fait précéder d'un astérisque l'article de chaque seigneur croisé dont l'extinction de la maison est établie avec certitude.

1270. — ALENÇON (Pierre , comte d') , fils puîné de saint Louis , accompagna son père devant Tunis. — Historiens. — Piliers.

* 1148. — ALLEMAGNE (Conrad III , empereur d'), essuya plusieurs revers et se joignit à Louis le Jeune pour faire le siége de Damas , entreprise qui resta sans succès. — Historiens. — Piliers.

* 1189. — ALLEMAGNE (Frédéric Ier dit Barberousse, empereur d'), se croisa à la diète de Mayence , battit deux fois le sultan d'Iconium , prit d'assaut sa capitale , et mourut en Cilicie, au sortir des eaux du Salef, où il venait de se baigner. — Historiens. — Piliers.

* 1228. — ALLEMAGNE (Frédéric II , empereur d') , s'étant rendu en Palestine, conclut avec le soudan d'Égypte un traité qui le rendit maître de Jérusalem , où il se fit couronner. — Historiens. — Piliers.

* 1162. — AMAURY Ier, roi de Jérusalem, succéda à son frère, Baudouin III, et fit plusieurs expéditions en Égypte contre le sultan Saladin. — Historiens. — 1re salle.

* 1503. — AMBOISE (Émeric d'), grand maître de l'Ordre de Saint-Jean, grand prieur de France, frère du cardinal Georges d'Amboise, ministre de Louis XII. — Historiens. — Grande salle.

* 1096. — ANCENIS (Chotard d'), en Bretagne , est cité par l'historien D. Lobineau, comme s'étant distingué à la conquête de Jérusalem. — 1re salle.

1190. — ANDIGNÉ (Jean d'), en Poitou. — Acte d'emprunt. — 2e salle.

* 1190. — ANGLETERRE (Richard Ier, dit Cœur-de-Lion, roi d'), partit à la tête de trente-cinq mille hommes, passa l'hiver en Sicile, s'empara de l'île de Chypre et rejoignit Philippe-Auguste au siége de Ptolémaïs. On sait l'histoire de sa captivité et de son aventureux retour dans ses États. — Historiens. — Piliers.

* 1129. — ANJOU (Foulques V, comte d'), créé comte

de Ptolémaïs et de Tyr à son arrivée en Palestine, succéda en 1131 à Baudouin du Bourg, son beau-père, roi de Jérusalem. — Historiens. — 1re salle.

1190. — ANTENAISE (Hamelin et Geoffroi d'), en Anjou. — Acte d'emprunt. — 2e salle.

* 1098. ANTIOCHE (Bohémond, prince d'), l'un des fils de Robert Guiscard, ménagea par des intelligences secrètes la prise d'Antioche, dont les croisés lui abandonnèrent la possession. — Historiens. — Piliers.

1190. — ANVIN (Poncet d'), baron d'Ardenthun en Artois. — Acte d'emprunt. — 2e salle.

* 1102. — APCHON (Arnaud d'), en Auvergne. — Chronique. — Grande salle.

* 1191. — APS (Ermengard d'), grand maître de Saint-Jean, fut obligé, par les victoires de Saladin, de transférer le siége de l'Ordre de Jérusalem à Margat. — Historiens. — 2e salle.

* 1218. — ARCIS-SUR-AUBE (Jean, seigneur d'), en Champagne, accompagna Milon III, comte de Bar-sur-Seine, au siége de Damiette. — Mathieu Pâris. — Grande salle.

* 1096. — ARDRES (Arnoul II, baron d'), en Picardie, se signala à la prise de Jérusalem, et rapporta de son pèlerinage un morceau de la vraie croix. — André Duchesne. — Grande salle.

1396. — ARTOIS (Philippe d'), comte d'Eu, issu de Robert d'Artois, frère de saint Louis, marcha avec le comte de Nevers au secours de la Hongrie, envahie par le sultan Bajazet. Il fut pris à la funeste journée de Nicopolis. — Historiens. — 4e salle.

1248. — ASNIÈRES (Guillaume d'), en Saintonge. — Acte d'emprunt. — 4e salle.

* 1248. — ASPREMONT (Gaubert d'), de Franche-Comté, en la compagnie duquel Joinville raconte qu'il passa la mer dans une petite nef qu'ils louèrent en commun parce qu'ils étaient cousins. — Grande salle.

* 1161. — Assalyt (Gerbert d'), grand maître de l'Ordre de Saint-Jean de Jérusalem. — Historiens. — 1re salle.

* 1175. — Astarac (Amauieu d'). — Historiens. — Addition à la 2e salle.

* 1101. — Atton (Bernard), vicomte de Béziers, d'Albi, d'Agde, de Nimes, seigneur de Lauraguais et premier vicomte de Carcassonne, alla rejoindre le comte Raymond de Saint-Gilles en Palestine, d'où il ne revint qu'après la mort de ce prince, l'an 1105. — D. Vaissète. — Grande salle.

* 1190. — Aubigné (Raoul d'), ce nom étant commun à plusieurs familles, on ne sait à laquelle ce seigneur croisé appartenait.—Acte d'emprunt.—1re salle.

* 1205. — Aubigny (Baudouin d'), fut un des croisés qui revinrent en France après la bataille d'Andrinople, malgré les prières de leurs compagnons. — Villehardouin. — Grande salle.

1147. — Aubusson (Rainaud V, vicomte d'), dans la Marche, accompagna Louis le Jeune en Palestine, et Guy 1er, son fils, suivit Philippe Auguste à la troisième croisade. — P. Anselme. — Grande salle.

1476. — Aubusson (Pierre d'), grand maître de l'Ordre de Saint-Jean de Jérusalem, soutint, en 1480, un siége de trois mois contre le pacha Mischa Paléologue et sauva Rhodes, malgré la ruine de ses remparts et le petit nombre de ses défenseurs. — Historiens. — Piliers.

1248. — Audiffret (Jean d'), en Dauphiné. — Charte du comte de Savoie. — Addition à la 4e salle.

1248. — Audren (Raoul), en Bretagne. — Charte de nolis. — 3e salle.

* 1099. — Aumale (Etienne comte d'), arrière-petit-fils d'Eudes II, comte de Blois, de la maison de Champagne, suivit Robert, duc de Normandie, à la

première croisade, et retourna à Jérusalem, vers l'an 1120. — Historiens. — Grande salle.

1248. — Aumont (Jean Ier, sire d'), en Picardie, est cité par le P. Anselme comme s'étant croisé avec saint Louis. — Grande salle.

* 1202. — Aunoy (Guillaume d') et Gilles d'Aunoy, seigneurs picards. — Villehardouin. — Grande salle.

* 1270. — Aurillac (Astorg d'), baron d'Aurillac et vicomte de Conros, publia sur les malheurs de la croisade de Tunis, à laquelle il prit part, une pièce satirique qui est restée comme un des plus curieux monuments de la poésie des troubadours. — Grande salle.

1248. Authier (Raoul et Guillaume du), en Limousin. — Acte d'emprunt. — 4e salle.

* 1102. Auvergne (Guillaume VII, comte d'), à la tête de la noblesse de sa province, rejoignit Raimond de Saint-Gilles, et fit avec lui le siége de Tripoli, en 1103. — Historiens. — Grande salle.

* 1147. — Auvergne (Guillaume VIII, comte et premier dauphin d'), petit-fils de Guillaume VII, accompagna Louis, le Jeune en terre sainte. — Odon de Deuil. — Grande salle.

1270. — Auxy (Philippe d'), sire et ber d'Auxy en Artois, fut armé chevalier par saint Louis à Tunis. — P. Anselme. — Grande salle.

* 1189. — Avesnes (Jacques d'), à la tête des chevaliers de Flandre, s'illustra par des exploits presque fabuleux, qui l'égalèrent à Richard Cœur-de-Lion, le héros de cette croisade. A la journée d'Arsur, en 1191, après avoir eu un bras et une jambe coupés, il continua à combattre, et son dernier cri fut : « Richard, venge ma mort ! » — Historiens. — Piliers.

* 1248. — Balaguier (Guillaume de), du Rouergue, d'une maison éteinte au seizième siècle. — Acte d'emprunt. — 4e salle.

* 1160. — Balben (Anger de), en Dauphiné, grand maître de l'Ordre de Saint-Jean de Jérusalem. — Historiens. — 1re salle.

* 1096. — Bar (Louis de), fils de Thierry Ier, comte de Bar, se distingua à la première croisade. — Albert d'Aix. — Grande salle.

* 1096. — Barasc (le seigneur de), en Quercy. — Chroniques de l'abbé de Foulhiac. — Grande salle.

* 1147. — Barres (Evrard des), grand maître de l'Ordre du Temple. — Historiens. — 1re salle.

* 1190. — Barres (Guillaume des), comte de Rochefort en Champagne, était d'une telle force et d'une telle vaillance qu'il lutta avec succès contre Richard Cœur-de-Lion dans un tournoi donné à Palerme. Le roi d'Angleterre en conserva un long ressentiment. — Historiens. — Grande salle.

* 1219. — Bar-sur-Seine (Milon III, comte de), issu de l'illustre famille de Brienne, mourut au siége de Damiette. — Guichenon. — Grande salle.

* 1190. — Bassompierre, *voyez* Dompierre.

1190. — Bastet (Pons), maison aujourd'hui ducale d'Uzès et de Crussol. — Acte d'emprunt. — Addition à la 4e salle.

* 1100. — Baudouin Ier, roi de Jérusalem, succéda à son frère Godefroy de Bouillon. Il mourut en 1118, après un règne glorieux, marqué par de nombreuses victoires et des conquêtes importantes. — Historiens. — Grande salle.

* 1144 — Baudouin III, roi de Jérusalem, fils aîné de Foulques et petit-fils, par sa mère, de Baudouin du Bourg, fit le siége de Damas, de concert avec Louis le Jeune, en 1148, et s'empara d'Ascalon et de Césarée. — Historiens. — 1re salle.

* 1173. — Baudouin IV, roi de Jérusalem, fils et successeur d'Amaury Ier, remporta sur Saladin la victoire de Tibériade, en 1182. L'année suivante il fut at-

teint de la lèpre et obligé d'abandonner ses États. — Historiens. — 1re salle.

* 1185. — BAUDOUIN V, roi de Jérusalem, fils de Guillaume de Montferrat et de Sibylle, sœur de Baudouin IV, mourut à Acre, après un an de règne. — Historiens. — 1re salle.

* 1202. — BAUDOUIN, comte de Flandre, élu empereur par ses compagnons d'armes, fut un des principaux chefs de la quatrième croisade. — 2e salle.

1190. — BAUFFREMONT (Hugues et Liébaut de), en Bourgogne et en Lorraine. — Acte d'emprunt. — 1re salle.

* 1120. — BAUGÉ (Ulric de), premier du nom, seigneur de Bresse, fit, en 1120, le pèlerinage de la Palestine. Guy de Baugé, seigneur de Mirebel, mourut en terre sainte, en 1215.—Guichenon.—Grande salle.

* 1202. — BAUMEZ (Hugues de), est cité par Villehardouin à la *chevauchée* d'Andrinople. — 2e salle.

* 1096. — BÉARN (Gaston IV, vicomte de), se signala avec Tancrède à la prise de Jérusalem par un trait d'humanité. Ils accordèrent la vie et donnèrent un asile sous leurs bannières aux musulmans réfugiés dans le temple de Salomon. — Historiens. — Piliers.

1248. — BEAUFFORT (Jean de), en Artois, accompagna Robert de Flandre à la croisade. Baudouin de Beauffort fut tué à la Massoure, Geoffroy périt au siége de Tunis. — D. Devienne. — Grande salle.

* 1096. BEAUGENCY (Raoul, premier seigneur de); en Orléanais, se signala au siége d'Antioche; Simon II, seigneur de Beaugency, suivit aussi saint Louis en terre sainte. — Historiens. — Grande salle.

* 1250. — BEAUJEU (Humbert de), en Lyonnais, connétable de France, se distingua à la journée de la Massoure et fut aussi de la croisade de Tunis, avec Louis de Beaujeu, son parent. — Joinville. — Grande salle.

* 1273. — Beaujeu (Guillaume de), seigneur de Sevans, créé grand maître des Templiers en 1288, fut tué trois ans après à la prise d'Acre. — Historiens. — 4e salle.

* 1270. — Beaujeu (Henri de), seigneur d'Hermenc en Lyonnais, maréchal de France, fils de Guichard de Beaujeu, seigneur de Montpensier, mourut au siége de Tunis. — Joinville. — Grande salle.

1147. — Beaumont (Soffrey de), en Dauphiné, suivit en Palestine Amédée III, comte de Savoie, oncle maternel de Louis le Jeune. — Généalogie de Beaumont par l'abbé Brizart. — Grande salle.

1202. — Beaumont (Geoffroy de), au Maine. — Acte d'emprunt. — 2e salle.

* 1250. — Beaumont (Guillaume de), maréchal de France. — Historiens. — Grande salle.

* 1190. — Beaumont-sur-Oise (Mathieu III, comte de), en Picardie, chancelier de France, accompagna Philippe Auguste en Palestine. — Rigord. — Grande salle.

* 1147. — Beaumont-sur-Vigenne (Hugues V, seigneur de), en Bourgogne. — André Duchesne. — Grande salle.

1248. — Beaupoil (Hervé et Geoffroy de), en Bretagne de la maison Beaupoil de Saint-Aulaire. — Charte de nolis. — 3e salle.

* 1096. — Beauvais (Renaud de), se signala au siége de Nicée, aux batailles de Dorylée et d'Antioche. Il fut tué au siége d'Acre et fut enseveli sur le mont Thabor. — Albert d'Aix et Guillaume de Tyr. — Grande salle.

1190. — Beauveau (Foulques de), en Anjou, dont sont issus les Beauveau-Craon. — Acte d'emprunt. — 1re salle.

* 1190. — Beauvilliers (Jodoin de), en Orléanais,

maison ducale de Saint-Aignan, éteinte en 1829. —
Acte d'emprunt. — 2º salle.

* 1270. — Bec-Crespin (Guillaume V, seigneur de),
connétable héréditaire de Normandie, maréchal de
France. — Historiens. — Grande salle.

* 1256. —Bérault (Thomas), grand maître du Temple. — Historiens. — 4º salle.

1190. — Béraudière (Jean de la), en Anjou. —
Acte d'emprunt. — 1re salle.

1365. — Bérenger (Raymond), en Dauphiné, élu
grand maître de Rhodes en 1365, fit la même année
une descente en Égypte, et s'empara d'Alexandrie,
qu'il fallut abandonner au bout de quatre jours. —
Historiens. — Grande salle.

* 1096. — Berghes (Folcran, châtelain de). —
Historiens. — 1re salle.

* 1202: — Bermond (Pierre de), baron d'Anduze en
Languedoc, abandonna l'expédition de Constantinople
pour continuer son pèlerinage. — Villehardouin. —
Grande salle.

1202. — Berton (Thomas), qu'on pense être de la
maison des Balbes de Quiers, dont est issue celle de
Crillon. — Charte de nolis. — 2º salle.

* 1248. — Bessurjouls (Rostaing de), en Rouergue.
— Acte d'emprunt. — 3º salle.

* 1096. — Béthune (Adam de), en Artois, obtint en
partage la baronnie de Bessan, en Galilée, après la conquête de Jérusalem. On retrouve encore aux croisades
plusieurs autres membres de cette maison, qui, devenue ducale sous les noms de Sully et de Charost, s'est
éteinte de nos jours. — Historiens. — Grande salle.

* 1147. — Brynac (Pons et Adhémar de), en Languedoc. — Cartulaire de Cadoin. — 1re salle.

* 1120. — Beyviers (Gauthier de), en Bresse, suivit
en Palestine l'évêque de Mâcon. — Guichenon. —
Grande salle.

1190. — Biencourt (Humphroy de), en Picardie. — Acte d'emprunt. — 2º salle.

* 1124. — Biron (Guillaume de), en Languedoc. — Cartulaire de Cadoin. — 1ʳᵉ salle.

* 1512. — Blanchefort (Guy de), grand maître de Rhodes, fils de Guy de Blanchefort, chambellan de Charles VII, et neveu de Pierre d'Aubusson, ne gouverna l'Ordre que quelques mois. — Historiens. — 4º salle.

* 1153. — Blanquefort (Bertrand de), grand maître de l'Ordre du Temple. — Historiens. — 1ʳᵉ salle.

* 1270. — Blémus (Pierre de) est un des *chevaliers de l'hostel du Roy.* — Liste de Du Cange. — 4º salle.

* 1096. — Blois (Etienne, surnommé Henri, comte de), fils de Thibaut III, comte de Troyes et de Chartres, fit deux fois le voyage d'outre-mer, où il se signala. Sa prudence le fit surnommer *le Sage* et *le père du conseil.* Il fut tué à Ramla le 18 juillet 1102. — Historiens. — Piliers.

* 1270. — Boisavesnes (Gilles de), est cité dans la liste de Du Cange. — 4º salle.

* 1248. Boisbaudry (Alain de), en Bretagne. — Charte de nolis. — 3º salle.

1248. — Boisberthelot (Hervé de), en Bretagne. — Charte de nolis. — 3º salle.

1248. — Boisbily (Geoffroy de), en Bretagne. — Charte de nolis. — 3º salle.

1248. — Boisgelin (Thomas de), en Bretagne. — Charte de nolis. — 4º salle.

. * 1248. — Boispéan (Pierre de), en Bretagne. — Charte de nolis. — 3º salle.

* 1248. — Boisse (André de), en Limousin. — Acte d'emprunt. — 3º salle.

* 1248. — Bonafos de Teyssieu (Hugues), accom-

pagna en Palestine Raymond VI, vicomte de Turenne.
— Archives du royaume. — Grande salle.

1248. — BONNEVAL (Guillaume de), en Limousin. —
Acte d'emprunt. — 3ᵉ salle.

* 1248. — BOUFFLERS (Henri, seigneur de), de Morlay
et de Campigneulles, d'une maison devenue ducale,
éteinte de nos jours. — P. Anselme. — Grande salle.

* 1396. — BOUCICAULT, *voyez* Meingre (le).

1248. — BOSREDONT (Gérard de), en Auvergne. —
Acte d'emprunt. — Addition à la 4ᵉ salle.

1248. — BOUILLÉ (Dalmas de), au Maine et en Auvergne. — Acte d'emprunt. — 3ᵉ salle.

* 1099. — BOUILLON (Godefroy de), duc de basse
Lorraine, fut un des chefs principaux de la première
croisade; ses compagnons d'armes le nommèrent roi de
Jérusalem, après la prise de cette ville. — Historiens.
— Piliers.

* 1096. — BOULOGNE (Eustache, comte de), frère de
Godefroy de Bouillon, l'accompagna en Palestine; en
lui s'éteignit la première race des comtes de Boulogne.
— Historiens. — Grande salle.

* 1147. — BOURBON (Archambaud VI, seigneur de),
de l'ancienne maison de Bourbon, accompagna Louis le
Jeune à la croisade. — Historiens. — Piliers.

1396. — BOURBON (Jacques II, de), comte de la Marche, dernier rejeton de sa branche, fut pris à la bataille
de Nicopolis. — Historiens. — 4ᵉ salle.

1249. — BOURDEILLE (Hélie V, de), en Guienne, fit
son testament au camp devant Damiette. — Grande
salle.

1248. — BOURDONNAYE (Olivier de la), en Bretagne.
— Charte de nolis. — 3ᵉ salle.

1096. — BOURGOGNE (Eudes 1ᵉʳ, duc de), surnommé
Borel, arrière-petit-fils du roi Robert, mourut à Tarse

en 1103. Cette première maison de Bourgogne s'éteignit en 1361. — Historiens. — Piliers.

* 1096.—Bourgogne (Renaud et Étienne, dit Tête-Hardie, comte de Haute·), moururent tous deux en terre sainte. — Historiens. — Piliers.

1171. —Bourgogne (Hugues III, duc de), arrière-petit-fils d'Eudes Ier, fit deux fois le voyage de la Palestine, d'abord en 1171, puis en 1191 avec Philippe Auguste. Il mourut à Tyr en 1192. — Historiens. — Piliers.

1248. — Bourgogne (Hugues IV, duc de), petit-fils de Hugues III, accompagna saint Louis en Égypte. — Historiens. — Piliers.

1269. — Bourgogne (Eudes de), sire de Bourbon, comte de Nevers, d'Auxerre et de Tonnerre, fils de Hugues IV, duc de Bourgogne, mourut à Acre en 1269. — Historiens. — 4e salle.

1396. — Bourgogne (Jean sans Peur, comte de Nevers, puis duc de), était le chef des croisés qui volèrent au secours de la Hongrie et furent vaincus sous les murs de Nicopolis. — Historiens. — Piliers.

* 1136. — Bourguignon (Robert le), grand maître du Temple, fils de Renaud, sire de Craon, était, dit Guillaume de Tyr, aussi illustre par ses mœurs et par sa bravoure que par l'éclat de sa naissance. — 1re salle.

* 1248.—Bournel (Enguerrand de), était d'une maison de Picardie qui a donné un grand maître de l'artillerie. — Joinville. — 3e salle.

* 1096. — Bournonville (Gérard de), en Boulonnais, prit la croix avec ses six fils et avec son cousin Eustache, comte de Boulogne, et mourut en 1101, dans un combat contre les infidèles.—Historiens.—Grande salle.

* 1202. — Bousies (Gauthier, seigneur de), en Flandres. — Villehardouin. — Grande salle.

* 1191. — Brabant (Henri Ier, comte de), fit le voyage de la terre sainte en 1191, puis en 1197, et se

signala aux siéges de Beyrouth et de Jaffa.—Historiens.
Piliers.

1248. — BRACHET (Guillaume de), dans l'Orléanais.
— Acte d'emprunt. — 4e salle.

*.1248. — BRANCION (Josserand de), en Bourgogne,
oncle de Joinville, commandait une compagnie de vingt
chevaliers de pied, à la première croisade de saint Louis.
Joinville parle souvent de sa vaillance. —Grande salle.

* 1202. — BRÉBAN (Milon de), seigneur de Provins.
— Villehardouin. — 2e salle.

* 1270. — BRÉON (Maurice de), en Auvergne. —
Archives du royaume. — 4e salle.

* 1096. — BRETAGNE (Alain IV, duc de), dit Fergent,
dont le dernier rejeton fut Anne de Bretagne, femme
de Charles VIII et de Louis XII. — Historiens. — Piliers.

* 1096. — BRETEUIL (Gauthier, seigneur de), en
Beauvoisis, partit avec Pierre l'Ermite. Il fut donné en
otage à Nicétas, prince des Bulgares, afin d'obtenir des
vivres. — Albert d'Aix — Grande salle.

* 1191. BRIENNE (André de), seigneur de Ramerupt,
en Champagne, fut tué au siége d'Acre. — Historiens.
— Grande salle.

* 1209. —BRIENNE (Jean de), fut élu roi de Jérusalem,
puis appelé au trône de Constantinople pendant la mi-
norité de Baudouin de Courtenay. — Historiens. —
Piliers.

* 1248. — BRIENNE (Gauthier de), comte de Jaffa,
vint rejoindre saint Louis à Damiette. — Joinville. —
Grande salle.

1096. — BRIEY (Renaud de), au duché de Bar; se
croisa avec son neveu. — Cartulaire de Saint-Pierremont.
— 1re salle.

* 1112. — BRIORD (Gérard de), en Bugey, fit le pèlerinage de la terre sainte en 1112. — Guichenon. —
Grande salle.

* 1096. — BRIQUEVILLE (Guillaume de), en Normandie, accompagna le duc Robert à la première croisade. — Preuves de cour de cette maison. — Grande salle.

* 1270. — BRITAUT (Jean), en Champagne, pannetier de France, est porté dans la liste des *chevaliers de l'hostel du Roy.* — 4e salle.

1190. — BROC (Hervé de), en Anjou. — Acte d'emprunt. — 1re salle.

* 1248. — BROSSE (Roger de), seigneur de Bonssac en Bretagne, prit part aux deux croisades de saint Louis. — P. Anselme. — Grande salle.

* 1101. — BROYES (Hugues, dit Bardoul II, seigneur de), en Champagne, et son frère, Renaud, prirent la croix avec Étienne de Blois. Renaud fut tué sous les murs de Nicée. — Historiens. — Grande salle.

1191. — BRUC (Guethenoc de), en Bretagne. — Acte d'emprunt. — 2e salle.

* 1345. — BRUNIER (Jacques), chancelier du Dauphiné, prit la croix avec le dauphin Humbert. — Valbonnais. — 4e salle.

* 1190. — BUAT (Payen et Hugues de), en Normandie. — Acte d'emprunt. — 2e salle.

1248. — BUDES (Hervé), en Bretagne, d'une maison aujourd'hui connue sous le nom de Guébriant.—Charte de nolis. — 3e salle.

* 1190. — BUEIL (G. de), ancienne maison de Touraine. — Acte d'emprunt. — 1re salle.

* 1147. — BULLES (Manassès de), périt dans les défilés des montagnes de Laodicée avec Itbier de Magnac. — Odon de Deuil. — Grande salle.

* 1123. — BURES (Guillaume de), seigneur de Tibériade, chevalier d'origine normande, succéda comme vice-roi de Jérusalem à Eustache d'Agrain, pendant la captivité de Baudouin II. — Guillaume de Tyr. — Grande salle.

1248. — CADOINE (Guillaume de), de la maison de

Cadoine de Gabriac. — Acte d'emprunt. — Addition à la 4e salle.

* 1202. — CANTELEU (Eustache de), en Picardie, commandait un corps d'armée au siége de Constantinople et mourut dans cette ville en 1204.—Villehardouin. Grande salle.

1096.—CAPDEUIL (Pierre et Pons de), en Languedoc, de la maison de Fay-Latour-Maubourg. — D. Vaissète. — Grande salle.

1096. — CARBONNEL DE CANIZY (Guillaume), en Normandie, est cité comme croisé dans les preuves de cour de la famille, et dans le manuscrit de Bayeux, qui contient le rôle des chevaliers normands de la première croisade. — Grande salle.

1248. — CARBONNIÈRES (Hugues de), en Limousin. — Acte d'emprunt. — 4e salle.

* 1096. — CARDAILLAC (le seigneur de), en Quercy, est mentionné dans les chroniques du Quercy de l'abbé de Foulhiac, comme ayant pris part à la première croisade. — Grande salle.

* 1513. — CARETTE (Fabrice), des marquis de Finale, en Italie, grand maître de Saint-Jean de Jérusalem, fit réparer les fortifications de Rhodes, ruinées par le siége qu'avait soutenu Pierre d'Aubusson. — Historiens. — Piliers.

1248. — CARNÉ (Olivier de), en Bretagne. — Charte de nolis. — 3e salle.

1248. — CASSAIGNES (Bernard de), en Guienne, d'une maison dont une branche a le titre de marquis de Miramont. — Acte d'emprunt. — 3e salle.

1190. — CASTELBAJAC (Bernard de), en Bigorre. — Obligation. — 1re salle.

* 1103.—CASTELNAU (Guillaume de), en Quercy, fit son testament avant de partir pour la terre sainte. — Chroniques du Quercy de l'abbé de Foulhiac. — Grande salle.

1096. — Castillon (Pierre Ier, vicomte de), en Guienne, fut un des soixante chevaliers qui défendirent le pont d'Antioche, contre l'armée ennemie.—D. Vaissette. — Grande salle.

* 1169. — Castus, *alias* de Gast, grand maître de l'Ordre de Saint-Jean de Jérusalem. — Historiens. — 1re salle.

1202. — Caulaincourt (Philippe de), en Picardie, d'une maison dont est issu le duc de Vicence. —Charte de nolis. — 2e salle.

1096. — Caumont (Calo II, seigneur de), en Guienne, d'une maison aujourd'hui ducale sous le nom de La Force. — P. Anselme. — Grande salle.

* 1248. — Caussade (Rattier de), en Quercy, suivit la croisade de saint Louis en Égypte. —Chroniques de l'abbé de Foulhiac. — 3e salle.

*1202. — Cayeux (Anselme et Eustache de), en Picardie. Anselme, nommé deux fois régent de l'empire latin, épousa Eudoxie, fille de l'empereur Théodore Lascaris. — Villehardouin. — Grande salle.

1248. — Caylus (Déodat et Arnaud de), en Rouergue, d'une maison qu'il ne faut pas confondre avec celles des ducs actuels de Caylus, dont le nom est Robert de Lignerac. — Acte d'emprunt. — 3e salle.

1099. — Chabannais (Jourdain IV de), seigneur de Chabannais et de Confolens en Saintonge, est cité comme croisé, dans *l'Histoire d'Angoulême* de Corlieu. — Grande salle.

. 1248. — Chabannes (Guy de), en Saintonge. — Acte d'emprunt sous la garantie du comte de Poitiers. — 3e salle.

1147. — Chabot (Sébran), seigneur de Vouvant en Poitou. — P. Anselme. — Grande salle.

* 1096. — Chalons, *voyez* Thiern.

* 1270. — Chambly (Jean de), en Picardie, est porté dans la liste des *Chevaliers de l'hostel du roy.* — 4e salle.

* 1147. — CHAMPAGNE (Henri Ier, comte Palatin de), et de Brie, se croisa avec Louis-le-Jeune. — Historiens. — Piliers.

* 1190. — CHAMPAGNE (Étienne de), premier du nom, comte de Sancerre, mourut au siége d'Acre avec son frère Thiébaut, comte de Blois. — Historiens. — Grande salle.

* 1249. — CHAMPAGNE (Thibaut VI, comte de), puis roi de Navarre, partit pour la croisade en 1249, avec les ducs de Bourgogne et de Bretagne. — Joinville. — Piliers.

1190. — CHAMPAGNÉ (Juhel de), en Bretagne et en Anjou. — Acte d'emprunt. — 2º salle.

* 1096. — CHAMPCHEVRIER (Geoffroy de), en Poitou, fit une donation à l'abbaye de Marmoutiers avant de partir pour la croisade. — Cartulaire. — 1ʳᵉ salle.

* 1201. — CHAMPLITE (Eudes et Guillaume de), en Franche-Comté, se signalèrent à la prise de Constantinople. Guillaume s'empara ensuite de d'Achaïe et de la Morée et prit le titre de prince de ces deux états qui échurent après sa mort à Geoffroy de Villehardouin. — Grande salle.

1153. — CHANALEILLES (Guillaume de), en Vivarais, chevalier du Temple, fit à son ordre une donation confirmée par Louis-le-Jeune. Bernard de Chanaleilles se croisa en 1270. — Archives de la famille. — 1ʳᵉ salle.

1190. — CHANTÉRAC, *voyez* Cropte (la).

* 1217. — CHARTRES (Guillaume de), grand-maître de l'ordre du Temple, mourut au camp devant Damiette. — Historiens. — 2ᵉ salle.

1147. — CHASTELLUX (Artaud de), en Bourgogne. — Archives de la famille. — 1ʳᵉ salle.

1190. — CHASTENAY (Jean et Gauthier de), au comté de Bourgogne. — Acte d'emprunt. — 1ʳᵉ salle.

1248. — CHATEAUBRIANT (Geoffroy V, baron de), en

Bretagne, se distingua à la journée de la Massoure. — Titres de la Bibliothèque royale. — Grande salle.

* 1159. — CHATEAUDUN (Hugues IV, vicomte de), dans l'Orléanais. — Titres de la Bibliothèque royale. — 1re salle.

* 1101.—CHATEAU-GONTIER (Renaud II, seigneur de), accompagna Étienne, comte de Blois, en Palestine. — 1re salle.

* 1244. — CHATEAUNEUF (Guillaume de), grand-maître de l'ordre de Saint-Jean de Jérusalem, fut pris à la bataille de la Massoure. — Historiens. — 2e salle.

* 1248. — CHATEAUNEUF DE RANDON (Guérin de), seigneur d'Apchier, en Vivarais, fonda, pour accomplir un vœu, la chapelle de Saint-Jean à Apchier. — P. Anselme.— Grande salle.

* 1095. — CHATILLON (Gaucher de), en Champagne, prit la croix au concile de Clermont. Gaucher II, son petit-fils, mourut à la seconde croisade, dans les défilés de Laodicée. — Historiens. — Grande salle.

* 1270. — CHATILLON (Guy de), comte de Blois et de Saint-Pol. — P. Anselme. — Grande salle.

1202. — CHAUMONT (Hugues de), dans le Vexin, de la maison de Chaumont-Quitry. —Charte de nolis. — 2e salle.

* 1239. — CHAUMONT (Richard de), en Charolais, accompagna le duc de Bourgogne en Palestine. — Archives de la maison de la Guiche. — 2e salle.

1190. — CHAUNAC (Jean de), en Limousin. — Acte d'emprunt. — 2e salle.

1248. — CHAUVIGNY (Guillaume de), en Berri. — Acte d'emprunt. — 3e salle.

1248. — CHAVAGNAC (Guillaume de), en Auvergne. — Emprunt fait sous la garantie du comte de Poitiers. — 3e salle.

1190. — CHÉRISEY (Henri et Renaud de), en Lorraine. — Acte d'emprunt. — 1re salle.

* 1096. — Chérizy (Gérard de), en Champagne, se distingua à la bataille de Dorylée, et marcha avec d'autres vaillants chevaliers contre le prince de Mossoul. — Guillaume de Tyr. — Grande salle.

* 1345. — Chissey (Aymon et Guichard de), en Dauphiné, accompagnèrent le dauphin de Viennois à la croisade. — Valbonnais. — 4e salle.

1096. — Choiseul (Roger, seigneur de), en Bassigny, dont la maison est aujourd'hui ducale sous le nom de Praslin. — P. Anselme. — Grande salle.

* 1096. — Chourses (Patri, seigneur de), en Poitou, est mentionné comme croisé dans un acte du cartulaire de la Couture au Mans. — 1re salle.

* 1248. — Chrétien (Hervé), en Bretagne. — Charte de nolis. — 2e salle.

1190. — Clairon, *alias* Cléron (Hugues de), en Bourgogne, de la maison de Clairon d'Haussonville. — Emprunt aux Génois. — 1re salle.

* 1191. — Clément (Albéric), seigneur du Mez, maréchal de France, fut tué au siége d'Acre, en escaladant la *Tour maudite*. — Historiens. — Piliers.

* 1248. — Clément (Henri II), seigneur du Mez et d'Argentan, en Orléanais, maréchal de France comme son aïeul Albéric Clément, se croisa avec saint Louis. — Joinville. — Grande salle.

1190. — Clerc (Guillaume et Humbert Le), en Anjou et au Maine, d'une maison qui a pris le surnom de Juigné. — Acte d'emprunt. — 1re salle.

* 1191. — Clermont (Raoul Ier, comte de), en Beauvoisis, connétable de France, fut tué au siége de Ptolémaïs. — Piliers.

* 1270. — Clermont (Simon II, de), seigneur de Neelle et d'Ailly, en Picardie. — Joinville. — 4e salle.

1345. — Clermont (Geoffroy de), seigneur de Chaste, en Dauphiné, d'une maison dont une branche porte aujourd'hui le titre ducal de Clermont-Tonnerre, se croisa avec le dauphin de Viennois. — Valbonnais. — 4 salle.

* 1270. — COETIVY (Prégent II, sire de), en Bretagne, était un des *chevaliers de l'Hostel-le-Roy.* — Grande salle.

1248. — COETLOSQUET (Bertrand du), en Bretagne. — Charte de nolis. — 3ᵉ salle.

1248. — COETNEMPREN (Raoul de), en Bretagne. — Charte de nolis. — 3ᵉ salle.

* 1147. — COLIGNY (Guerric Iᵉʳ, seigneur de), en Bourgogne, se croisa avec Louis-le-Jeune. Humbert II, son fils, accompagna Hugues III, duc de Bourgogne, en Palestine, l'an 1171. — Historiens. — Grande salle.

* 1147. — COMBORN (Gui IV, de), vicomte de Limoges, mourut à Antioche. — Chronique de Geoffroy de Vigeois. — Grande salle.

* 1202. COMINES (Baudouin de). — Villehardouin. — 2ᵉ salle.

* 1236. — COMPS (Bertrand de), en Dauphiné, grand-maître de l'ordre de Saint-Jean de Jérusalem, travailla avec activité à relever les affaires des chrétiens en Palestine. — Historiens. — 2ᵉ salle.

* 1206. — CONFLANS (Eustache Iᵉʳ, seigneur de), en Champagne, de la maison de Brienne, délivra, en 1206, vingt mille chrétiens faits prisonniers par les Bulgares, et mourut l'année suivante. — Villehardouin. — Grande salle.

1248. — CORN (Sanchon de), en Quercy et en Limousin. — Emprunt fait à Damiette. — 3ᵉ salle.

* 1354. CORNEILLAN (Pierre de), en Armagnac, grand-maître de Rhodes, succéda à Dieudonné de Gozon. — Historiens. — 4ᵉ salle.

* 1120. — CORSANT (Archéric, seigneur de), chevalier d ᵉ la Bresse, se croisa en 1120. André de Corsant ,

en 1147, accompagna Amédée III, comte de Savoie en Palestine. — Guichenon. — Grande salle.

1248. — COSKAER (Huon de), en Bretagne, dont une branche, sous le nom de La Vieuville, a donné un maréchal de France. — Acte d'emprunt. — 3ᵉ salle.

1190. — COSNAC (Élie de), en Limousin. — Acte d'emprunt. — 1ʳᵉ salle.

1248. — COSSÉ (Roland de), dans le Maine, mourut en Palestine, où il avait suivi saint Louis. Ce fait est relaté par les lettres-patentes d'érection du duché de Brissac. — Grande salle.

* 1096. — COUCY (Thomas Iᵉʳ, sire de), autrement Thomas de Marle, en Picardie, se signala au siége de Nicée et de Jérusalem. Son fils, Enguerrand, mourut à la 2ᵉ croisade. — Historiens. — Grande salle.

* 1396. — COUCY (Enguerrand VII, sire de), en Picardie, s'opposa vainement à l'imprudence des croisés qui livrèrent à Bajazet la bataille de Nicopolis, où il fut pris; mourut en Bithynie en 1397. — Froissart. — 4 salle.

1248. — COUÉDIC (Henri du), en Bretagne. — Charte de nolis. — 3ᵉ salle.

1248. — COURBON (Guillaume de), en Saintonge. — Acte d'emprunt. — 3ᵉ salle.

1096. — COURCY (Robert de), en Normandie. — Preuves de cour de la maison de Courcy. — Grande salle.

1248. — COURSON (Robert de), en Bretagne. — Charte de nolis. — 3ᵉ salle.

1248. — COURTARVEL (Geoffroy de), au Maine. — Acte d'emprunt. — 4ᵉ salle.

* 1101. — COURTENAY (Josselin de), ayant passé en Terre-Sainte avec Étienne, comte de Blois, reçut des rois de Jérusalem la seigneurie de Tibériade, en 1115, et le comté d'Edesse, en 1120. — Guillaume de Tyr. — Piliers.

1217. — COURTENAY (Pierre II, seigneur de), empereur de Constantinople, était petit-fils de Louis le Gros et fils de Pierre de France et d'Elisabeth de Courtenay. — Historiens. — Piliers.

1248.—COURTENAY (Guillaume II), seigneur d'Hyères, était arrière-petit-fils de Louis le Gros. — Joinville. — 2ᵉ salle.

1249. — COURTENAY (Pierre Iᵉʳ de), seigneur de Conches et de Mehun-sur-Yèvres, en Normandie, mourut en Egypte après la bataille de la Massoure. — Joinville. — Piliers.

1248. — COUSTIN (Robert de), en Limousin, de la maison de Coustin du Masnadau. — Acte d'emprunt. — 4ᵉ salle.

* 1270. — COUTES (Simon de), dans l'Orléanais, est porté dans la liste des chevaliers de l'hôtel du roi. — Joinville. — 4ᵉ salle.

* 1098. — CRAON, voyez NEVERS.

* 1096. — CRÉQUY (Gérard, sire de), en Artois, et plusieurs autres rejetons de la même maison, éteinte depuis un demi-siècle, figurèrent aux croisades. — P. Anselme. — Grande salle.

* 1190. — CRESSONSART (Dreux II, seigneur de), en Picardie, était à la troisième croisade. On retrouve Dreux, son fils, à celle de Constantinople; Robert de Cressonsart, évêque de Beauvais, à celle de 1248, où il mourut. — Villehardouin; P. Anselme. — Grande salle.

1096. — CRETON ou CROTON (Raimbaud), seigneur d'Estourmel, en Artois, entra le premier dans Jérusalem. — Orderic Vital. — Grande salle.

* 1196. — CREVECOEUR (Enguerrand de), en Artois. — P. Anselme. — Grande salle.

1218. — CROIX (Gilles de), en Artois. — Acte d'emprunt. — 2ᵉ salle.

1190. — CROPTE (Hélie de la), en Périgord, de la

maison de la Cropte de Chantérac. — Acte d'emprunt. — 2ᵉ salle.

1190. Crussol, *voyez* Bastet.

1190. — Cugnac (B. de), en Périgord. — Acte d'emprunt. — 2ᵉ salle.

* 1248. — Curières (Hugues et Gérard de), en Rouergue. — Acte d'emprunt. — 3ᵉ salle.

1106. — Damas (Robert), chevalier bourguignon, partit pour la Terre-Sainte en 1106. — P. Anselme. — Grande salle.

1190. — Dampierre (Guy II de), en Flandres, avec l'évêque de Vérone et plusieurs chevaliers, précéda en Palestine les armées de Philippe-Auguste et de Richard Cœur-de-Lion, — Chronique d'Albéric. — 1ʳᵉ salle.

1202. — Dampierre (Guillaume de), en Picardie. — Charte de nolis. — 2ᵉ salle.

* 1248. — Dampierre (Archambaud IX de), de l'ancienne maison des sires de Bourbon, mourut à son arrivée en Chypre, en 1248, d'après le récit de Joinville. — Grande salle.

* 1248. — David (Bernard de), en Limousin. — Acte d'emprunt. — 3ᵉ salle.

* 1096. — Die (Isarn comte de), en Dauphiné, est cité par dom Vaissète comme ayant été à la première croisade. — 1ʳᵉ salle.

1190. — Dienne (Léon, seigneur de), en Auvergne, d'après les preuves de cour de cette maison, suivit Philippe Auguste en Terre-Sainte. — Grande salle.

* 1202. — Digoine (Guillaume de), en Charolais. — Charte de nolis. — 2ᵉ salle.

* 1116. — Dinan (Rivallon de), en Bretagne, accompagna en Palestine Geoffroy le Roux, fils d'Alain, duc de Bretagne, d'après le récit de dom Morice. — 1ʳᵉ salle.

1218. — Dion (Jean de), en Brabant. — Acte d'emprunt. — 2ᵉ salle.

* 1147. — Dol (Jean, seigneur de), en Bretagne. — Historiens. — 1ʳᵉ salle.

1147. — Domène (Hugues de), de la maison de Monteynard, en Dauphiné, est mentionné comme croisé dans un acte du cartulaire du prieuré de Domène. — 1ʳᵉ salle.

* 1190. — Dompierre (Ulric de), seigneur de Bassompierre, engagea son fief de Bassompierre au comte de Bar, qui lui avait donné sa garantie pour un emprunt fait aux Génois.

* 1096. — Donzi (Geoffroy II, baron de), en Nivernais, vendit sa part du comté de Châlon à son oncle Savary de Vergy, pour faire le voyage de la Terre-Sainte. — *Art de vérifier les dates.* — Grande salle.

* 1191. — Drée (Jean et Guillaume de), au duché de Bourgogne. — Acte d'emprunt. — 1ʳᵉ salle.

1248. — Dreux (Robert de), seigneur de Beu, arrière-petit-fils de Louis le Gros, suivit saint Louis en Egypte. — P. Anselme. — 2ᵉ salle.

* 1250. — Dreux (Pierre de), dit Mauclerc, duc de Bretagne, fut blessé à la Massoure. — D. Vaissète. — Piliers.

* 1190. — Duisson (Geoffroy de), en Picardie, grand maître de Saint-Jean de Jérusalem. — Historiens. — 2ᵉ salle.

1190. — Durfort (Bernard de), en Languedoc, d'une maison devenue ducale sous les titres de Duras, de Lorges et de Civrac. — Acte d'emprunt. — Addition à la 2ᵉ salle.

1248. — Escayrac (Gui, Guichard et Bernard d'), en Quercy. — Acte d'emprunt. — 4ᵉ salle.

1096. — Escorailles ou Scorailles (Raoul seigneur d'), en Bourgogne, et Guy, son frère, prirent part à la première croisade, comme le rapportent les preuves de cour de la maison. — Grande salle.

* 1190. — Escotais (Thibaut des), en Touraine. — Acte d'emprunt. — 1re salle.

1248. — Espinay (Colin d'), en Normandie. — Acte d'emprunt. — 2e salle.

1248. — Espinchal (Bertrand d'), en Auvergne. — Acte d'emprunt. — Addition à la 4e salle.

* 1248. — Espine (Pierre de l'), assista au siége de Damiette. — 4e salle.

1190. — Estaing (Guillaume d'), en Rouergue. — Preuves de cour. — 1re salle.

1096. — Estourmel, *voyez* Creton.

1191. — Estouteville (Osmond d'), chevalier normand, s'est distingué au siége d'Acre. — Benoît de Peterborough. — Grande salle.

* 1095. — Eu (Henri Ier, comte d'), d'une branche bâtarde des ducs de Normandie, prit la croix en 1096. — Historiens. — Piliers.

1248. — Euzenou (Payen), en Bretagne. — Charte de nolis. — Addition à la 4e salle.

1218. — Faye (Guillaume de La), en Périgord, fit, avant de partir pour la croisade, plusieurs dispositions comme on le voit par un acte du cartulaire du Périgord. — 2e salle.

1248. — Féron (Payen), en Bretagne. — Charte de nolis. — 2e salle.

1248. — Feydit (J. de), d'une maison du Limousin dont une branche a pris le nom de Tersac. — 3e salle.

* 1097. — Fezensac (Astanove VII, comte de), en Languedoc, mourut en Palestine. Sa fille Azalire porta son héritage dans la maison d'Armagnac. — P. Anselme. — Grande salle.

1200. — Cienne (Engnerraud, seigneur de), en Flandre, suivit avec son fils Thomas le comte de Flandre à la croisade de Constantinople, et disparut dans un combat, en 1207. — Villehardouin. — Grande salle.

1270. — Flamenc (Raoul le), est porté dans la liste des *chevaliers de l'Hostel-le-Roy.*—Joinville. — 4º salle.

1202. — Flandre (Baudouin comte de), l'un des chefs de la quatrième croisade, fut élu par ses compagnons empereur de Constantinople. — Villehardouin. — 2º salle.

* 1095. — Flandre (Robert II, comte de), se signala devant Antioche, Jérusalem et Ascalon; il revint en 1100 dans ses états. — Historiens. — Piliers.

* 1421. — Fluvian (Antoine), en Catalogne, grand-maître de Rhodes, rétablit les finances de l'ordre par une sage administration. — Historiens. — 4º salle.

* 1098. — Foix (Roger Iᵉʳ, comte de), mourut en Palestine, en 1098. Raymond-Roger, un de ses successeurs, prit part à la troisième croisade. — Historiens. — Piliers.

* 1248. — Fontanges (Hugues de), en Auvergne. — Acte d'emprunt. — 3º salle.

* 1190. — Fontaines (Aleaume de), maieur d'Abbeville, partit avec Philippe-Auguste pour la Palestine, où il resta jusqu'en 1204, et il rejoignit alors la croisade de Constantinople, où il mourut. — P. Anselme. — Grande salle.

* 1202. — Forez (Guignes III, comte du), de la maison des dauphins de Viennois, mourut en Palestine, où il s'était rendu en quittant la croisade de Constantinople. — Villehardouin. — Grande salle.

1190. — Foucaud (Bertrand de), en Périgord. — Acte d'emprunt. — 2º salle.

1190. — Foudras (Hugues de), en Lyonnais et en Bourgogne. — Acte d'emprunt. — 1ʳᵉ salle.

1096. — France (Hugues de), comté de Vermandois, frère de Philippe le Gros, de retour de la première croisade, reprit le chemin de la Palestine et périt au combat de Tarse, en Cilicie. — Historiens. — Piliers.

1147. — France (Louis le Jeune, roi de), prit la croix des mains de saint Bernard et conduisit la deuxième croisade. — Historiens. — Piliers.

1147. — France (Robert de), comte de Dreux, cinquième fils de Louis le Gros, accompagna son frère aîné Louis le Jeune en Palestine. — Historiens. — Piliers.

1147. — France (Pierre de), depuis seigneur de Courtenay, fils puîné de Louis le Gros, accompagna Louis le Jeune à la croisade. — Historiens. — 1re salle.

1190. — France (Philippe-Auguste, roi de), conduisit, avec Richard Cœur-de-Lion, la troisième croisade, dont la prise d'Acre fut le seul fait important. — Historiens. — Piliers.

1196. — France (Marguerite de), fille de Louis le Jeune et veuve de Béla III, roi de Hongrie, vendit son douaire pour emmener une troupe de Hongrois en Terre-Sainte. — Historiens. — Piliers.

1148. — France (Louis IX, roi de), chef de la sixième croisade, en 1248, et de la septième, en 1270, mourut sous les murs de Tunis. — Historiens. — Piliers.

1248. — France (Robert de), comte d'Artois, frère de saint Louis, fut tué à la bataille de la Massoure. — — Historiens. — Piliers.

1250. — France (Charles de), comte d'Anjou, depuis roi de Naples, de Sicile et de Jérusalem, accompagna saint Louis, son frère, en Egypte, en 1248, et n'arriva devant Tunis, en 1270, qu'après la mort de ce prince. — Historiens. — Piliers.

1270. — France (Philippe le Hardi, roi de), suivit

saint Louis, son père, à la croisade de Tunis. — Historiens. — Piliers.

1248. — FRESLON (Pierre), en Bretagne. — Charte de nolis. — 3e salle.

1190. — FROLOIS (Miles de), en Bourgogne. — Acte d'emprunt. — 1re salle.

1248. — GABRIAC, *voyez* Cadoine.

1248. — GAIN (Adhémar de), en Limousin, d'une maison dont une branche a pris le nom de la seigneurie de Montaignac. — 3e salle.

1096. — GAMACHE (Hugues de), en Normandie. — Cartulaire. — 1re salle.

* 1096. — GAND (Baudouin de), seigneur d'Alost, fut tué au siége de Nicée. — Albert d'Aix et Guillaume de Tyr. — Grande salle.

* 1096. — GARLANDE (Gilbert de), dit *Payen*, en Brie, est nommé à tort Gauthier par Albert d'Aix et Guillaume de Tyr ; il se signala au siége de Nicée. — Grande salle.

1248. — GASCQ (Hugues de), en Quercy. — Acte d'emprunt. — 3e salle.

1190. — GAUDECHART (Guillaume de), en Picardie, de la maison de Gaudechart de Quierrieu. — Acte d'emprunt. — 2e salle.

* 1291. — GAUDINI (le moine), grand-maître de l'ordre du Temple, transporta le siége de l'ordre à Limisso, en Chypre, après la perte de la Terre-Sainte. — Historiens. — 4e salle.

1248. — GAUTERON (Payen), en Bretagne, d'une famille qui a pris le nom de Robien. — Charte de nolis. — 3e salle.

1252. — GIMEL (Pierre de), en Limousin, est cité comme croisé par D. Vaissète. — 4e salle.

1248. — GIRONDE (Arnaud de , en Guienne, d'une

famille établie depuis en Auvergne. — Acte d'emprunt
— 4e salle.

1248. — GONTAUT (Gaston II, de), seigneur de Biron,
en Périgord, se croisa avec Saint-Louis. — P. Anselme.
— Grande salle.

1248. — GOULAINE (Geoffroy de), en Bretagne. —
Charte de nolis. — 2e salle.

* 1248 GOURCUFF (Guillaume de), en Bretagne. —
Charte de nolis. — 3e salle.

1096. — GOURDON (Géraud, seigneur de), en Quercy.
— Chroniques de l'abbé de Foulhiac. — Grande salle.

1248. — GOURJAULT (Hugues), en Poitou. — Acte
d'emprunt. — 3e salle.

1096. — GOURNAY (Gérard seigneur de), en Normandie, se signala au siége de Nicée. — Albert d'Aix.
— Grande salle.

1248. — GOYON (Guillaume de), en Bretagne. —
Charte de nolis. — 2e salle.

1346. — GOZON (Dieudonné de), en Rouergue, grand-
maître de Rhodes, se rendit célèbre par sa victoire sur
le serpent qui infestait l'île de Rhodes. — Vertot. —
Grande salle.

1270. — GRAILLY (Jean Ier, sire de), au bailliage de
Gex, Sénéchal de Guienne, suivit saint Louis à Tunis.
P. Anselme. — Grande salle.

1270. — GRANCHE (Étienne et Guillaume), sont cités
dans la liste des chevaliers de l'hôtel du roi. — 4e salle.

1101. — GRANDPRÉ (Baudouin de), en Champagne,
tomba au pouvoir des infidèles qui le firent périr dans
les tortures. — Guillaume de Tyr. — Grande salle.

1096. — GRASSE (Foulques de), en Provence, et Guillaume furent pris par les infidèles et rachetés par les
moines de Lérins. — Histoire de l'abbaye de Lérins. —
1re salle.

1096. — GRAVE (Arnaud de), en Languedoc, est cité

14

dans la chanson de Raymond de Saint-Gilles, poëme historique de la première croisade, dont le manuscrit est conservé à Toulouse. — 1re salle.

* 1096. — GRAY (Garnier, comte de), en Franche-Comté, cousin de Godefroy de Bouillon, mourut quelques jours après lui à Jérusalem. — Guillaume de Tyr. — Grande salle.

1252. — GROSSOLLES (Guillaume et Raymond de), en Guienne, d'une maison qualifiée aujourd'hui marquis de Flamarens. — Acte d'emprunt. — 4e salle.

1248. — GROUCHY (Henri de), en Normandie. — Acte d'emprunt. — 4e salle.

1248. — GUÉBRIANT, *voyez* Budes.

* 1187. — GUÉRIN (frère), chevalier de l'ordre de Saint-Jean de Jérusalem, combattit à la journée de Tibériade. — Historiens. — 1re salle.

* 1231. — GUÉRIN (N...), grand-maître de l'ordre de Saint-Jean de Jérusalem, succéda à Bertrand de Texis. — Historiens. — 2e salle.

1190. — GUICHE (Hugues et Renaud de la), en Barrois, et plus tard en Bourgogne. — Acte d'emprunt. — 1re salle.

* 1101. — GUIENNE (Guillaume IX, duc de), et comte de Poitiers, après avoir refusé de prendre la croix et scandalisé l'Occident par ses honteux désordres, partit en 1101 pour la Terre-Sainte. — Guillaume Malmesbury. — Piliers.

* 1096. — GUINES (Manassès, comte de), en Picardie. — André Duchesne. — Grande salle.

1248. — GUISCARD (Bernard de), en Quercy. — 3e salle.

* 1098. — HAINAUT (Baudouin II, comte de), mourut en Terre-Sainte après la bataille d'Antioche. — Guillaume de Tyr. — Piliers.

1202. — HAM (Eudes seigneur de), en Vermandois, issu, selon Villehardouin, des rois de la seconde race, porta à Constantinople la nouvelle de la bataille d'Andrinople. — Villehardouin. — Grande salle.

* 1190. — HANGEST (Florent d'), en Picardie, mourut au siége d'Acre selon la chronique de Roger de Hoveden. — Grande salle.

1150. — HARCOURT (Richard d'), en Normandie, chevalier du Temple, fonda la commanderie de Renneville. — P. Anselme. — Grande salle.

1190. — HAUSSONVILLE, *voyez* Clairon.

1218. — HAUTECLOCQUE (Guy de), en Artois, fit, avant de partir pour la croisade, un emprunt sous la garantie du doyen d'Arras. — 2e salle.

1096. HAUTPOUL (Pierre-Raymond d'), en Languedoc, fut un des soixante chevaliers qui défendirent le pont d'Antioche contre l'armée infidèle. — D. Vaissète. — Grande salle.

1219. — HÉDOUVILLE (Jean de), en l'Ile-de-France. — Acte d'emprunt. — 2e salle.

1376. — HÉRÉDIA (Jean-Fernandès de), en Castille, grand-maître de Rhodes, succéda à Robert de Juliac ; il assista à la bataille de Patras. — Historiens. — 4e salle.

1102. — HERPIN (Eudes), vicomte de Bourges, en Berry, vendit au roi sa vicomté pour partir pour la croisade. Il fut pris à la bataille de Ramla en 1102, et, ayant recouvré sa liberté, il revint en France achever ses jours au monastère de Cluny. — Historiens. — Grande salle.

1248. — HERSART (Guillaume), en Bretagne, de la maison Hersart de la Villemarqué. — Charte de nolis. — 3e salle.

1196. — HINNISDAL (Gilles d'), dans les Pays-Bas. — Acte d'emprunt. — 2e salle.

* 1217. — HONGRIE (André, roi de), partit à la tête

des croisés allemands, qui l'avaient choisi pour chef. — Historiens. — Piliers.

*1196. — Horal (Gilbert), grand-maître du temple. — Historiens. — 2ᵉ salle.

* 1096. — Houdetot (Jean et Colard d'), en Normandie, suivirent en Palestine leur duc Robert. — André Duchesne. — Grande salle.

* 1190. — Isle (Adam III, seigneur de l'), fit trois fois le voyage de Palestine et y mourut en 1190. Amiel III, qui le premier prit le surnom de l'Isle-Adam, se croisa en 1239. — P. Anselme. — Grande salle.

1096. — Isle-jourdain (Raymond-Bertrand de l'), en Languedoc, l'un des plus grands vassaux du comte de Toulouse, le suivit à la croisade. — Raymond d'Agiles. — Grande salle.

1248. — Isoré (Pierre), en Touraine et en Anjou. — Acte d'emprunt. — 4ᵉ salle.

1190. — Jaucourt (Mathieu de), en Champagne. — Acte d'emprunt. — 1ʳᵉ salle.

* 1147. — Joigny (Renaud, comte de), prit part à la seconde croisade; Guillaume, son fils, en 1190, et Guillaume II, son arrière-petit-fils, en 1239, firent aussi le voyage de la Terre-Sainte. — Art de vérifier les dates et Joinville. — Grande salle.

1248. — Joinville (Jean, sire), sénéchal de Champagne, suivit saint Louis à la sixième croisade, dont il est le principal historien. — Piliers.

1190. — Joigné, *voyez* Clerc.

* 1374. — Juilly (Robert de), en l'Ile-de-France, grand-maître de Rhodes, succéda à Roger de Pins; une erreur générale l'a fait appeler par tous les historiens Robert de Juliac, nom sous lequel on l'avait d'abord inscrit au musée de Versailles. — Historiens. — 4ᵉ salle.

* 1270. — JUPILLES (Raoul et Gauthier de), en Normandie, *chevaliers de l'Hostel-le-Roy*, pour le voyage de Tunis. — Liste de Ducange. — Grande salle.

1248. — KERGARIOU (Guillaume de), en Bretagne. — Charte de nolis. — 2ᵉ salle.

1270. — KERGORLAY (Pierre de), suivit le duc son souverain à la croisade. — Dom Morice. — 4ᵉ salle.

1248. — KERGUELEN (Hervé de), en Bretagne. — Charte de nolis. — 3ᵉ salle.

1248. — KEROUARTS (Macé de), en Bretagne. — Charte de nolis. — 3ᵉ salle.

1248. — KERSABIEC, *voyez* SIOCHAN.

* 1248. — KERSALIOU (Geoffroy de), en Bretagne. — Charte de nolis. — 3ᵉ salle. '')

1248. — KERSAUSON (Robert), en Bretagne. — Charte de nolis. — 3ᵉ salle.

* 1096. — LAMBALLE (Conan, fils du comte de), en Bretagne, s'illustra en Palestine. dom Morice. — 1ʳᵉ salle.

* 1201. — LANDAS (Gilles de), en Flandre, est cité par Villehardouin. — 2ᵉ salle.

1248. — LASCASES (Bertrand de), d'une maison originaire d'Espagne, établie en Quercy. — Acte d'emprunt. — 3ᵉ salle.

* 1248. — LASTEYRIE (Pierre de), en Limousin. — Acte d'emprunt. — 3ᵉ salle.

* 1434. — LASTIC (Jean de), en Auvergne, grand-maître de Rodes, repoussa, en 1440 et en 1444, les armées égyptiennes qui tentèrent de s'emparer de l'île de Rhodes. — Vertot. — Grande salle.

* 1096. — LASTOURS (Golfier de), seigneur de Hautefort, en Limousin, fut un des soixante chevaliers qui

défendirent le pont d'Antioche. — D. Vaissète.
— Grande salle.

1096. — LATOUR-MAUBOURG, *voyez* CAPDEUIL.

1248. — LAURENCIE (Laurent de la), en Angoumois, en Poitou et en Saintonge. — Acte d'emprunt.
— 3e salle.

* 1269. — LAUTREC (Sicard, vicomte de), en Languedoc, de la première maison des vicomtes de Lautrec, fit le voyage de la Palestine en 1269. — D. Vaissète. — 4e salle.

1096. — LAVAL (Guy III, sire de), en Bretagne, suivit le duc Alain Fergent avec ses cinq fils. — D. Lobineau. — Grande salle.

* 1248. — LELONG (Henri et Hamon), en Bretagne. — Charte de nolis. — 3e salle.

1248. — LENTILHAC (Bertrand de), en Quercy. — Acte d'emprunt fait à Damiette. — 3e salle.

1096. — LÉON (Hervé de), en Bretagne, est cité par dom Morice à la première croisade. — 1re salle.

1248. — LESTRANGE (Audouin de), en Languedoc. — Acte d'emprunt. — 4e salle.

1248. — LEVEZOU (Bernard de), en Rouergue. — Acte d'emprunt. — 3e salle.

1270. — LEVIS (Guy III de), maréchal de Mirepoix, de l'île de France, est porté dans la liste des *chevaliers de l'Hostel-le-Roy* à la croisade de Tunis. — Grande salle.

1240. — LEZAY (Girard de), en Bourgogne, d'une maison à laquelle on rattache celle de Marnezia-Lezay. — Acte d'emprunt. — 2e salle.

1147. — LEZIGNEM (Hugues VII, dit le Brun, sire de), en Poitou, se croisa avec le roi Louis le Jeune; *voyez* LUSIGNAN. — Historiens. — Grande salle.

1190. — LIGNE (Wautier de), en Hainaut. — Acte d'emprunt. — 2e salle.

1147. — Limoges , *voyez* Comborn.

1096. — Lohéac (Rion de), en Bretagne , est cité par dom Morice. — 1re salle.

1270. — Longueval (Aubert et Baudouin de) , en Picardie, étaient au nombre des *chevaliers de l'Hostel-le-Roy* à la croisade de Tunis. — Grande salle.

1248. — Lorgeril (Alain de) , en Bretagne. — Charte de nolis. — 2e salle.

1190. Lorges, *voyez* Dufort.

* 1278. — Lorgue (Nicolas de), grand-maître de Saint-Jean de Jérusalem , succéda à Hugues de Revel, et vint en occident solliciter des secours après la prise de Margat par le sultan d'Égypte. — Historiens. — 4e salle.

1202. — Los (Thierry et Guillaume de), accompa-gnèrent le comte de Flandre à la croisade de Constan-tinople. — Charte de Nolis. — 2e salle.

1190. — Lostanges (Guillaume de) , en Bas-Li-mousin. — Acte d'emprunt. — 2e salle.

1202. — Lubersac (Geoffroy de) , en Limousin, donna quittance en 1211 au vicomte d'Aubusson des revenus de ses terres dont il lui avait confié la garde pendant son voyage d'outre-mer. — 2e salle.

* 1101. — Lusignan (Hugues VI, surnommé le Diable, sire de), en Poitou, fut tué à la bataille de Ramla en 1102. — Foulcher de Chartres. — Piliers.

* 1187. — Lusignan (Guy de), roi de Chypre et de Jérusalem , fut pris par Saladin à la bataille de Tibé-riade , et vint ensuite assiéger Acre avec les rois de France et d'Angleterre. — Historiens. — Piliers.

* 1248. — Lusignan (Hugues XI, sire de), et comte de la Marche , est cité comme croisé par Joinville et Guillaume de Nangis. — Grande salle.

1248. — Luzech (Guillaume - Amalvin et Gasbert de), en Quercy. — Acte d'emprunt. — 3e salle.

* 1218. — Lyobard (Pierre de), en Bresse. — Guichenon. — Grande salle.

* 1096. — Lyonnais (Guillaume III, comte de), fut tué au siége de Nicée ; sa sœur porta son comté à la maison d'Albon. — *Art de vérifier les dates.* — Grande salle.

* 1270. — Lyons (Macé de), en Artois, avait bouche en cour à la croisade de Tunis. — Liste de Ducange. — Grande salle.

1147. — Magnac (Ithier de), dans la Marche, périt au passage des défilés de Laodicée. — Odon de Deuil. — Grande salle.

* 1109. — Maguelone (Raymond II, comte de), alla rejoindre Raimond de Saint-Gilles au siége de Tripoli. —Historiens. — Grande salle.

1096. — Maillé (Foulques de) en Anjou, prit la croix en 1096. Jacquelin de Maillé se signala au combat de Nazareth. Le P. Anselme cite Hardouin de Maillé comme ayant suivi saint Louis en Égypte. — Grande salle.

1202. — Mailly (Nicolas de), en Picardie, fut envoyé par les seigneurs de l'empire latin demander des secours en occident. — Villehardouin. — Grande salle.

* 1248. — Maingot (Guillaume de), dans l'Aunis. — Acte d'emprunt. — 4ᵉ salle.

* 1096. — Malemort (Hélie de), en Limousin. — Cartulaire. — 1ʳᵉ salle.

1270. — Malet (Jean), en Normandie, de la maison des sires de Graville. — Liste de Ducange. — 4ᵉ salle.

* 1202. — Malvoisin (Robert), en Normandie. — Historiens. — Grande salle.

* 1248. — Marhallac (Jean de), en Bretagne. — Charte de nolis. — 3ᵉ salle.

* 1096. — Marle, voyez Coucy.

* 1202. — MARLY (Thibaut de), seigneur de Mondreville, petit-fils de Mathieu de Montmorency, est mentionné dans l'état des *chevaliers de l'Hostel-le-Roy*, à Tunis. — Grande salle.

1252. — MARQUEFAVE (Arnaud de), en Languedoc. — Dom Vaissète. — 4ᵉ salle.

* 1102. — MARSEILLE (Aycard de), rejoignit Raymond de Saint-Gilles au siége de Tripoli. — D. Vaissète. — 1ʳᵉ salle.

* 1096. — MARSSANE (Humbert de), en Dauphiné. — Preuves de cour de cette maison. — 1ʳᵉ salle.

* 1113. — MARTIGUES (Gérard de), recteur de l'hôpital de Saint-Jean de Jérusalem, lorsque les croisés s'emparèrent de la ville sainte, obtint, en 1113, du pape Pascal II, une bulle qui fit un ordre religieux et militaire de ses frères hospitaliers. — Historiens. — Piliers.

1096. — MATHAN (Jean de), chevalier banneret de Normandie. — Preuves de cour de cette maison. — Grande salle.

* 1218. — MAULDE (Robert de), du Hainaut. — Acte d'emprunt. — 2ᵉ salle.

* 1211. — MAULÉON (Savary de), en Poitou, chevalier et troubadour, se rendit avec ses vassaux au siége de Damiette. — Mathieu Pâris, et cartulaires de Marmoutiers et de Talmont. — Grande salle.

1147. — MAURIENNE (Amédée II, comte de) et de Savoie, oncle maternel de Louis le Jeune, le suivit à la croisade, et mourut à Nicosie, en Chypre. — Historiens. — Piliers.

* 1189. — MAYENNE (Juel de), au Maine; sa présence, à la troisième croisade, est rapportée par le P. Anselme, et attestée par une charte de Bréquiguy, et par plusieurs actes d'emprunt. — Grande salle.

1248. MEAUX (Gauthier, vicomte de), en Brie, ayant rapporté en France la sainte couronne d'épines, reçut de saint Louis l'autorisation de remplacer ses anciennes armes par l'écu d'argent , *à cinq couronnes d'épines de sable.* — Titres de la Bibliothèque royale. — Grande salle.

1396. — MEINGRE (Jean le), dit Bouçicaut, maréchal de France , fut fait prisonnier à la bataille de Nicopolis. — Historiens. — Piliers.

1190. — MELLET (B. de) , en Périgord. — Acte d'emprunt. — 2e salle.

* 1191. — MELLO (Dreux IV, de), seigneur de Saint-Bris , en Beauvoisis , suivit en Palestine Philippe-Auguste, qui lui donna la charge de connétable après la mort de Raoul de Clermont. — Rigord. — Piliers.

* 1096. — MELUN (Guillaume Ier, dit le Charpentier, vicomte de), en Brie, parent par les femmes de Hugues de France, comte de Vermandois, l'accompagna en Palestine. — P. Anselme. — Grande salle.

1270. — MELUN (Guillaume III , vicomte de), seigneur de Montreuil-Belay, en Brie, avait trois bannières et douze chevaliers « aux gages de 5000 livres et bouche à cour en *l'Hostel-le-Roy.* » — Liste de Ducange. — Grande salle.

1190. — MENOU (Gervais de), en Touraine. — Acte d'emprunt. — 2e salle.

* 1248. — MERLE (Foulques du), en Normandie, qui , selon quelques historiens, avait été gouverneur de Robert , comte d'Artois , engagea avec lui témérairement la bataille de la Massoure. — Joinville. — Grande salle.

1248. — MÉRODE (Baudouin de), au duché de Juliers. — Acte d'emprunt. — 2e salle.

1240. — MESSEY (Guillaume de), en Charolais. — Acte d'emprunt. — 2e salle.

* 1146. — MEULENT (Galeran III , comte de), prit la croix à l'assemblée de Vezelay , et se rendit en Pa-

lestine, après avoir combattu contre les Maures de Lisbonne. — Historiens et trouvères. — Grande salle.

* 1454. — MILLY (Jacques de), grand-maître de Rhodes, se signala par son dévouement durant la peste qui affligea l'île. — 4e salle.

1190. — MISNIE (Thierry, seigneur de). — Addition à la 2e salle.

1298. — MOLAY (Jacques de), dernier grand-maître du Temple, était de la maison de Longwy, en Bourgogne. Le procès intenté à son ordre l'arracha à la lutte qu'il continuait de soutenir en Orient. Il fut condamné à être brûlé vif. — Grande salle.

1218. — MONACO (Grimaldus, seigneur de), de la maison de Grimaldi, était au siège de Damiette. — Venasque et le P. Anselme. — Grande salle.

* 1086. — MONCHY (Drogon ou Dreux de), en Picardie, commandait un corps d'armée à la bataille d'Antioche. — Orderic Vital et Guillaume de Tyr. — Grande salle.

* 1208. — MONTAIGU (Guérin de), en Auvergne, élu grand-maître de l'Ordre de Saint-Jean de Jérusalem, en 1208, se distingua au siège de Damiette, en 1218, et alla ensuite solliciter des secours en Europe. — Historiens. — Grande salle.

* 1219. — MONTAIGU (Pierre de), grand-maître de l'Ordre du Temple, s'opposa à l'acceptation des avantages qu'offrait le soudan d'Egypte pour la levée du siège de Damiette. — Historiens. — 2e salle.

1248. — MONTALEMBERT (Aymeric et Guillaume de), en Angoumois. — Emprunt fait à Damiette. — 3e salle.

* 1345. — MONTAUBAN (Raymond de), seigneur de Montmaur en Dauphiné, d'une maison issue, dit-on, des anciens comtes de Forcalquier, se croisa avec le dauphin. — Guichenon. — 4e salle.

1248. — MONTAULT (Bernard de), en Languedoc, suivi de deux chevaliers et trois sergents d'armes, accompagna saint Louis en Terre-Sainte. — Acte d'emprunt. — 4e salle.

* 1096. — MONTBEL (Philippe de), en Bresse, fut tué au siége d'Antioche. — Guichenon. — Grande salle.

* 1202. — MONTBÉLIARD (Richard, comte de), et Gauthier, son frère, s'embarquèrent dans un port de Calabre pour la Palestine. — Villehardouin. — Grande salle.

1144. — MONTBOISSIER (Eustache de), d'une maison substituée en 1511 aux nom et armes de celle de Beaufort de Canillac. — *Gallia Christiana.* — Addition à la 2e salle.

1248. — MONTBOUCHER (Geoffroy de), en Bretagne. — Charte de nolis. — 4e salle.

1122. — MONTCHENU (Claude de), en Dauphiné, mourut en Palestine, où son tombeau existait encore au siècle dernier dans l'église de Saint-Jacques-le-Mineur. — Preuves de cour. — Grande salle.

* 1098. — MONTEIL (Adhémar de), en Provence, évêque du Puy, mourut à Antioche, en 1098. — D. Vaissète. — Piliers.

1190. — MONTESQUIOU (Raimond-Aimery, baron de), en Armagnac, engagea ses biens à son oncle Guillaume de la Barthe, archevêque d'Auch, avant de partir pour la croisade. — Généalogie dressée par Chérin. — Grande salle.

* 1187. — MONTFERRAT (Conrad de), marquis de Tyr, contraignit Saladin à lever le siége de cette ville. Guillaume de Tyr. — 1re salle.

* 1202. — MONTFORT (Simon III, comte de), fidèle à son vœu d'aller en Terre-Sainte, laissa les croisés marcher sur Constantinople et se rendit en Syrie. Il s'illustra plus tard contre les Albigeois. — Villehardouin. — Piliers.

1248. — MONTFORT L'AMAURY (Jean, comte de),

dans l'île de France, petit-fils de Simon de Montfort, mourut en Chypre, en 1249. — Joinville. — Grande salle.

1107. — MONFORT-SUR-RILLE (Robert, comte de), maréchal héréditaire de Normandie, condamné comme félon par la cour des barons normands, prit la croix en expiation. — Historiens. — Grande salle.

* 1096. — MONTGOMMERY (Philippe de), en Normandie, mourut à Antioche. — Orderic Vital.—Grande salle.

1288. — MONTJOYE (Guillaume, baron de), en Alsace, accompagna Jean de Saint-Mauris en Terre-Sainte. — Acte de fondation. — Grande salle.

* 1096. — MONTLAUR (Pons et Bernard de), en Languedoc. — D. Vaissète. — Grande salle.

* 1190. — MONTLÉART (Guillaume de), en Orléanais. — Acte d'emprunt. — 2e salle.

1203. — MONTMIRAIL (Renaud de), frère d'Hervé, comte de Nevers, périt à la bataille d'Andrinople. — Villehardouin. — Grande salle.

1147. — MONTMORENCY (Thibaut de), fils puîné du connétable Mathieu de Montmorency, accompagna Louis le Jeune. — André Duchesne. — Piliers.

1270. — MONTMORENCY (Mathieu III, de), *chevalier de l'Hostel-le-Roy*, mourut à Tunis, selon le P. Anselme. — Grande salle.

1270. — MONTMORENCY-LAVAL (Guy VII, sire de), *chevalier de l'Hostel-le-Roy*, était petit-fils de Mathieu II, de Montmorency et d'Emme dame et héritière de Laval. — André duchesne. — Grande salle.

1147. — MONTMORIN (Hugues de), en Auvergne. — Généalogie du cabinet des titres. — Grande salle.

1096. — MONTPELLIER (Guillaume V, seigneur de), se signala à la première croisade. — D. Vaissète. — Grande salle.

1147. — Montréal (Maurice de), chevalier de Languedoc, accompagna le roi de Jérusalem au siége d'Ascalon. — Guillaume de Tyr. — Grande salle.

1096. — Montredon (Eléazar de), en Languedoc. — D. Vaissète. — Grande salle.

* 1202. — Montreuil-Bellay (Henri de), en Saumurois. — Villehardouin. — Grande salle.

1190. — Moreton (Guignes de), en Dauphiné. — Acte d'emprunt. — 1re salle.

* 1202. — Moreuil (Bernard III de), en Picardie, fit le voyage de la Palestine en 1202 et rejoignit les croisés sous les murs de Constantinople. — Villehardouin. — Grande salle.

1345. — Morges (Guillaume de), en Dauphiné, accompagna le dauphin Humbert à la croisade. — Valbonnais. — 4e salle.

1248. — Mornay (Guillaume de), en Berry. — Acte d'emprunt. — 3e salle.

1096. — Mortemart, voyez Rochechouart.

1248. — Mostuéjouls (Pierre de), en Rouergue. — Acte d'emprunt. — 3e salle.

1190. Motte (Juhel de la), de la maison de la Motte — Baracé. — Acte d'emprunt. — Addition à la 2e salle.

1248. — Mottier (Pons), de la maison Mottier de la Fayette. — Addition à la 4e salle.

1184. — Moulins (Roger des), grand-maître de Saint-Jean de Jérusalem, originaire de Normandie, périt au sanglant combat de Tibériade. — Historiens. — Grande salle.

1248. — Moussaye (Raoul de La), en Bretagne. — Charte de nolis. — 3e salle.

1190. — Moustier (Renaud et Herbert du), en Franche-Comté. — Acte d'emprunt. — 1re salle.

1248. — Mun (Austor de), en Bigorre. — Acte d'emprunt. — 3e salle.

1102. — MURAT (Jean, vicomte de), prit la croix avec Guillaume, comte d'Auvergne, son seigneur. — Généalogie sur titres. — Grande salle.

1396. — NAILLAC (Philibert de), grand-maître de Rhodes, originaire du Berry, combattit à la journée de Nicopolis. — Historiens. — Piliers.

1239. — NANTEUIL (Philippe II, seigneur de), dans l'Ile-de-France est cité par Joinville au nombre des *huit bons et vaillants chevaliers*, qui accompagnaient la personne du roi à Damiette. — Grande salle.

1168. — NAPLOUSE (Philippe de), grand-maître du Temple, était originaire de Picardie. — Historiens. — 1re salle.

1187. — NAPLOUSE (Garnier de), grand-maître de Saint-Jean de Jérusalem, périt à la bataille de Tibériade. — Historiens. — 1re salle.

1096. — NARBONNE (Aymeri Ier, vicomte de.), laissa à son fils aîné, avant de partir pour la Terre-Sainte, l'administration de la vicomté de Narbonne, que sa petite-fille Ermessinde porta dans la maison castillane de Lara. — D. Vaissète. — 1re salle.

1218. — NÉDONCHEL (Barthélemy de), en Artois. — Acte d'emprunt. — 2e salle.

* 1096. — NESLE (Drogon, seigneur de), en Picardie suivit Hugues de France à la croisade et partagea sa captivité. — Albert d'Aix. — Grande salle.

1270. — NESLE (Jean III, Jean IV et Raoul de). Raoul est cité dans la liste de Ducange, comme ayant avec lui quinze chevaliers mangeant à l'hôtel du roi. — 4e salle.

1190. NETTANCOURT (Dreux de), en Barrois. —Acte. d'emprunt. — 1re salle.

* 1098. — NEVERS (Robert de), dit le Bourguignon '

tige de la maison de Craon, mourut à la première croisade. — Historiens. — Grande salle.

* 1100. — NEVERS (Guillaume II, comte de), partit avec son frère Robert en 1100, pour aller rejoindre les héros de la première croisade; Guillaume III, son fils, Guillaume IV et Renaud, ses petits fils, se croisèrent aussi en 1147, 1168 et 1190. — Historiens. — Grande salle.

1111. — NOAILLES (Pierre de), en Limousin, fit le pèlerinage de la Terre-Sainte en 1111, et Hugues de Noailles, mourut à la croisade de 1248. — P. Anselme, cartulaire de Vigeois. — Grande salle.

1248. — NOÉ (Arnaud de), en Languedoc, cautionna l'emprunt fait par Roux de Vareigne. — 4ᵉ salle.

* 1096. — NORMANDIE (Robert III, duc de), fils aîné de Guillaume-le-Roux, roi d'Angleterre, prit un des premiers la croix. — Historiens. — Piliers.

1248. — Nos (Roland Des), en Bretagne. — Charte de nolis. — 3ᵉ salle.

* 1190. — NOYERS (Clerembaut, seigneur de), en Bourgogne. — Grande salle.

* 1536. — OMEDES (Jean d'), en Aragon, grand-maître de Malte, dévoué à Charles-Quint, soutint un siége contre le corsaire Dragut. — Historiens. — 4ᵉ salle.

* 1096. — ORANGE (Raimbaut III, comte d'), en Provence, commandait un corps d'armée au siége d'Antioche, et entra l'un des premiers dans Jérusalem. — Guillaume de Tyr. — Grande salle.

1218. — ORGLANDES (Foulques d'), en Normandie. — Acte d'emprunt. — 2ᵉ salle.

* 1096. — ORLÉANS (Folker ou Foulcher d'), l'un des chefs de la première croisade fut tué au siége de Nicée. — Guillaume de Tyr. — Grande salle.

1190. — Osmond (Jean d'), en Normandie. — Acte d'emprunt. — 2e salle.

1248. — Panouse (Motet et Raoul de La), en Rouergue. — Acte d'emprunt. — 3e salle.

* 1270. — Pardaillan (Bernard de), seigneur de Gondrin, était à la croisade de Tunis. — P. Anselme. — Grande salle.

* 1270. — Patay (Guillaume de), en Beauce, était avec son frère au nombre des *chevaliers de l'Hostel-le-Roy*. — Liste de Ducange. — 4e salle.

* 1128. — Payens (Hugues de), premier grand-maître du Temple, fonda pour la protection des pèlerins une confrérie militaire, dont le pape Honorius fit l'ordre régulier du Temple. — Piliers.

1248. — Pechpeyrou (Gaillard de), en Quercy. — Acte d'emprunt fait à Damiette. — 3e salle.

1096. — Pelet (Raymond), dit *le croisé,* vicomte de Narbonne, accompagna le comte Toulouse en Terre-Sainte et s'empara de Tortose en Phénicie. — D. Vaissète. — Piliers.

* 1248. — Penne (Geoffroy de), en Languedoc, est cité comme croisé par D. Vaissète. — 4e salle.

* 1096. — Perche (Rotrou II, comte du), cadet des comtes d'Alençon, de la maison de Belesme, commandait un corps d'armée au siége d'Antioche. — Historiens. — Grande salle.

* 1233. — Périgord (Armand de), grand-maître du Temple, périt dans un combat contre les Karismiens. — Historiens. — Grande salle.

1248. — Pérusse (Harduin de), de la maison de Pérusse des Cars, dans la Marche. — Acte d'emprunt. — Addition à la 4e salle.

* 1096. — Pierre (Guillaume de), seigneur de

**

Ganges, en Languedoc, s'établit en Palestine et périt au siége de Tyr. — Albert d'Aix. — Grande salle.

1239. — Pimodan, *voyez* Rarecourt.

* 1297.—Pins (Odon de), en Catalogne et Languedoc, grand-maître de Saint-Jean de Jérusalem, succéda à Jean de Villers, et se fit remarquer par sa dévotion. — *Art de vérifier les dates.* — 4e salle.

* 1355. — Pins (Roger de), en Languedoc, grand-maître de Rhodes, succéda à Pierre de Corneillan. — *Art de vérifier les dates.* — 4e salle.

* 1201. — Plaissiez (Philippe du), grand-maître du Temple. — Historiens. — 2e salle.

1190. — Planche (Geoffroi de la), en Anjou, de la maison de la Planche de Ruillé. — Acte d'emprunt. — 1re salle.

* 1248.—Plas (Amblard de), en Bas-Limousin. — Acte d'emprunt. — 3e salle.

* 1190. — Plessis (Laurent du), en Poitou, suivit en Chypre, Guy de Lusignan, qui lui donna plusieurs fiefs et le titre de Chevalier *au Morf.* — Le livre des lignages. — Grande salle.

1248. — Plessis (Geoffroy du), en Bretagne, de la maison du Plessis-Mauron. — Charte de nolis. — 3e salle.

1249. — Poitiers (Alphonse, comte de), et de Toulouse, frère de saint Louis, régent de France avec sa mère, Blanche de Castille, quitta la régence pour rejoindre les croisés en Palestine. — Historiens. — Grande salle.

1248. — Polastron (Guillaume de), en Languedoc. Acte d'emprunt. — 4e salle.

* 1098. — Polignac (Héracle, comte de), en Velay, fut tué devant Antioche. Sa maison s'est éteinte au 15e siècle et celle de Chalençon lui fut substituée. — D. Vaissète. — Grande salle.

* 1248. — Pomolain (Pierre de); Joinville raconte qu'il avait *fait démourer Messire Pierre de Pontmolain, luy tiers à bannière*, qui luy coustait 400 livres. — 4e salle.

* 1191. — Pons (Renaud et Pierre de), en Saintonge, s'étant croisés, furent massacrés par les Grecs à Durazzo ; leur maison vient de s'éteindre. — Raimond d'Agiles. — Grande salle.

* 1534. — Pont (Perrin du), en Piémont, grand-maître de Malte, ne gouverna que quelques mois. — Historiens. — 4e salle.

* 1147. — Ponthieu (Guy II, comte de), mourut à Éphèse. Jean, son fils, fut tué au siége de Ptolémais. — Guillaume de Tyr. — Grande salle.

* 1248. — Popie (Raymond et Bernard de la), en Quercy. — Acte d'emprunt. — 3e salle.

* 1096. — Porcellets (Bertrand des), chevalier provençal. — D. Vaissète. — Grande salle.

1190. — Porte (Guigues et Herbert de la), en Dauphiné. — Acte d'emprunt. — 2e salle.

* 1191. — Porte (Harduin de La), en Anjou. — Acte d'emprunt. — 1re salle.

1202. — Portugal (Alphonse de), grand-maître de Saint-Jean de Jérusalem, fut obligé d'abdiquer, à cause des ennemis que sa sévérité à maintenir la discipline lui avait attirés. — *Art de vérifier les dates.* 2e salle.

1190. — Pracomtal (Foulques de), en Dauphiné. — Acte d'emprunt. — 1re salle.

1248. — Preissac (Amalvin de), en Gascogne. — Acte d'emprunt. — 3e salle.

* 1270. — Pressigny (Renaud de), maréchal de France, est un des *chevaliers de l'Hostel-le-Roy* cités dans la liste de Joinville, publiée par Ducange. — Grande salle.

* 1096. — Preuilly (Geoffroy de), comte de Vendôme.

fut tué à la bataille de Ramla selon le récit de Guillaume de Tyr. — Grande salle.

* 1270. — Prie (Jean de), seigneur de Busançois en Nivernais, étant au royaume de Tunis, fit diverses donations à l'abbaye de Villeloin en Touraine. — Cartulaires; collection D. Housseau. — 4e salle.

1190. — Prunelé (Guillaume de), en Beauce. — Acte d'emprunt. — 2e salle.

* 1106. — Puiset (Hugues de), vicomte de Chartres, ayant pris la croix, devint comte de Jaffa ou Joppé. — Historiens. — 1re salle.

* 1096. — Puy (Hugues du), seigneur de Pereins, d'Apifer et de Rochefort en Dauphiné, partit avec ses trois fils pour la première croisade. — Albert d'Aix. — Grande salle.

* 1113. — Puy (Raymond du), fils du précédent, succéda à Gérard de Martigues, comme recteur de l'ordre de Saint-Jean de Jérusalem, et fut le premier qui prit le titre de grand-maître de l'ordre. — Historiens. — Piliers.

1218. — Quatrebarbes (Foulques de), en Anjou, fit avant de partir pour la croisade son testament dont une copie est conservée à la Bibliothèque Royale, collection de D. Housseau. — 2e salle.

1248. — Québriac (Jean de), en Bretagne. — Charte de nolis. — 3e salle.

1248. — Quélen (Eudes de), en Bretagne. — Charte de nolis. — 3e salle.

1190. — Raigecourt (Gilles de), en Lorraine. — Acte d'emprunt. — 1re salle.

* 1147. — Rancon (Geoffroy de), seigneur de Taillebourg, commandait, avec le comte de Savoie, l'avant-garde chrétienne au sortir des défilés de Laodicée. — Odon de Deuil. — Grande salle.

1239. — RARECOURT (Ranssin de), de la maison de Rarecourt de la Valée, de nos jours marquis de Pimodan. — 2ᵉ salle.

* 1204. — RATH (Geoffroy le), originaire de Touraine, grand - maître de Saint-Jean de Jérusalem. — *Art de vérifier les dates.* — 2ᵉ salle.

1096. — RAYMOND (Guillaume), en Provence, se croisa avec Raymond de Saint-Gilles. — Dom Vaissète. — Grande salle.

1248. — RECHIGNEVOISIN (Aymeric de), en Anjou. — Emprunt fait à Damiette. — 3ᵉ salle.

* 1147. — REINACH (Hesso, seigneur de), en Alsace. — Historiens. — 1ʳᵉ salle.

* 1096. — RÉTHEL (Baudouin de), dit du Bourg, succéda à Baudouin Iᵉʳ, roi de Jérusalem, dont il était le parent, et régna quatorze ans. — Guillaume de Tyr. — Grande salle.

* 1259. — REVEL (Hugues de), en Auvergne, grand-maître de Saint-Jean de Jérusalem, succéda à Guillaume de Châteauneuf et mourut en 1278, au retour du concile de Lyon, où il avait été solliciter des secours de l'Occident. — *Art de vérifier les dates.* — 4ᵉ salle.

* 1096. — RIBAUMONT (Anselme de), en Picardie, fut tué au siége d'Archas. — Raoul de Caen. — Grande salle.

* 1188. — RIDERFORT (Gérard de), grand-maître du Temple, périt en protégeant la retraite des débris de l'armée chrétienne après la bataille de Tibériade. — Historiens. — 1ʳᵉ salle.

1190. — RIENCOURT (Raoul de), en Picardie. — Acte d'emprunt. — 1ʳᵉ salle.

* 1248. — RIEUX (Gilles, sire de), en Bretagne, suivit Pierre Mauclerc à la croisade, d'après le P. Anselme. — Grande salle.

* 1130. — RIGAUD (Hugues), chevalier du Temple, originaire du Languedoc. — Dom Vaissète. — 1ʳᵉ salle.

1248. — Robien, *voyez* Gautheront

1190. — Rochambeau, *voyez* Vimeur.

* 1202. — Roche (Othon de la), sire de Ray en Bourgogne, s'empara d'Athènes et de Thèbes, et prit le titre de duc de ces deux villes, qu'il transmit à ses descendants. — Villehardouin. — Grande salle.

1248. — Roche (Carbonnel et Gaillard de la), d'une maison de Guienne, aujourd'hui connue sous le nom de la Roche-Fontenille. — Acte d'emprunt sous la garantie du comte de Poitiers. — 4ᵉ salle.

1248. — Roche-Aymon (Guillaume et Aymond de la), en Auvergne et en Bourbonnais. — Addition à la 4ᵉ salle.

1096. — Rochechouart (Aimery IV, vicomte de), en Poitou, est cité comme croisé par le P. Anselme. — Grande salle.

* 1270. — Rochefort (Jean de), en Auvergne, était un des *chevaliers de l'Hostel-le-Roy.* — Grande salle.

1190. — Rochefoucauld (Foucauld de la), en Angoumois. — 1ʳᵉ salle.

1191. — Rochefoucaud (Guillaume de la), vicomte de Châtellerault, mourut au siége d'Acre. — André Duchesne. — Grande salle.

1248. — Rochelambert (Roger de La), en Auvergne — Emprunt contracté à Acre. — 3ᵉ salle.

* 1096. — Rochemore (Guérin de), en Languedoc, fut tué au siége d'Archas, d'après la chronique de Robert le Moine. — Grande salle.

* 1248. — Rode (Guillaume de La), en Auvergne. — Acte d'emprunt. — 3ᵉ salle.

* 1217. — Rodez (Henri, comte de), prit la croix, à Clermont, des mains du légat, le cardinal Robert. — P. Anselme. — Grande salle.

1119. — Roffignac (Robert de), en Limousin, est cité comme croisé dans un acte du cartulaire de Tulle. — 1ʳᵉ salle.

1190. — Rohan (Alain IV, dit le Jeune, vicomte de), en Bretagne. — 1re salle.

* 1220. — Ronquerolles (Eudes de), d'une maison de l'Ile-de-France, aujourd'hui éteinte. — 2e salle.

* 1248. — Roset (F. de), en Quercy. — 3e salle.

1270. — Rostrenen (Geoffroy de), en Bretagne, est cité par D. Morice, comme ayant accompagné le duc de Bretagne à Tunis. — 4e salle.

* 1202. — Roubaix (Otbert de), en Flandre. — Charte de fret. — 2e salle.

* 1248. — Roucy (Henri de), seigneur de Thosny et du Bois, en Champagne, se croisa avec saint Louis, en 1248. Déjà Robert Guiscard, comte de Roucy, avait pris la croix en 1170. — P. Anselme. — Grande salle.

1248. — Rougé (Olivier de), en Bretagne. — Charte de nolis. — 2e salle.

1096. — Roure (Host, seigneur du), en Gévaudan, fut tué à la bataille de Ramla. — Albert d'Aix. — Grande salle.

* 1096. — Roussillon (Gérard, comte de), se distingua au siége d'Antioche, et entra l'un des premiers dans la ville sainte. — Guillaume de Tyr. — Grande salle.

* 1248. — Roye (Mathieu Ier, seigneur de) et de Germigny, en Picardie, prit part aux deux croisades de saint Louis. — P. Anselme. — Grande salle.

1190. — Ruillé, *voyez* Planche (la).

* 1202. — Saarbruck (Eustache de), reçut la garde de la ville d'Andrinople, dont les croisés avaient fait la conquête. — Villehardouin. — Grande salle.

* 1196. — Sablé (Robert de), au Maine, grand-maître du Temple, commandant la flotte de Richard, Cœur-de-Lion ; il se fit Templier à son arrivée à Acre. Historiens. — Grande salle.

1096. — Sabran (Guillaume de), en Provence, fut un

des soixante chevaliers qui, au siége d'Antioche, défendirent un pont contre toute l'armée des infidèles.— Historiens. — Grande salle.

1248.—SADE (Hugues de), en Provence et au comtat Venaissin. — Acte d'emprunt. — 3e salle.

* 1173. — SAINT-CHAMANS (Odon de), grand-maître du Temple, fut fait prisonnier par Saladin, et mourut dans les fers. — Historiens. — 1re salle.

* 1270. — SAINT-CLER (Amaury de), est cité dans la liste des *chevaliers de l'Hostel-le-Roy*. — 4e salle.

* 1248. — SAINT-GENIEZ (Pierre de), en Quercy.— 3e salle.

1190. — SAINT-GEORGES (Raoul de), de la maison dont sont issus les marquis de Vérac. — Acte d'emprunt. — Addition à la 2e salle.

1248. — SAINT-GILLES (Hervé de), en Bretagne. — Charte de nolis. — 2e salle.

1248. — SAINTE-HERMINE (Aymeric de), en Bretagne. — Charte de nolis. — 3e salle.

* 1525. — SAINT-JAILLE (Didier de), en Dauphiné, grand-maître de Malte, mourut en allant prendre possession de sa nouvelle dignité. — *Art de vérifier les dates.* — 4e salle.

* 1270. — SAINT-MAARD (Lancelot de), maréchal de France, accompagna saint Louis à Tunis. — Grande salle.

* 1179. — SAINTE-MAURE (Guillaume de), en Touraine, maison éteinte vers 1208, et à laquelle fut substituée celle de Préciguy, devenue ducale sous le nom de Montausier. — Addition à la 2e salle.

1288. — SAINT-MAURIS (Jean III, de), chevalier, seigneur de Saint-Mauris en Montagne, fit le pèlerinage de la Terre sainte, comme on le voit par plusieurs actes de fondation qu'il fit à son retour. — Grande salle.

* 1096. — SAINT-OMER (Hugues de), en Artois, eut

en partage la seigneurie de Tibériade, après la prise de Jérusalem. Il mourut d'une blessure qu'il reçut, en 1102. au sein de la victoire. — Guillaume de Tyr. — Grande salle.

1248. — Saint-Pern (Hervé de), en Bretagne. — Charte de nolis. — 3e salle.

1239. — Saint-Phalle (André de), accompagna, en Palestine, Thibaut, comte de Champagne, son souverain. — Acte d'emprunt. — 2e salle.

* 1096. — Saint-Pol (Hugues, comte de), dit *l'Ancien*, et son fils Enguerrand se distinguèrent au siége d'Antioche. Ils étaient de la première maison des comtes de Saint-Pol. — Albert d'Aix. — Grande salle.

1191. — Saint-Simon (Jean Ier, seigneur de), accompagna Philippe Auguste à la croisade. — Grande salle.

* 1120. — Saint-Sulpis (Pernold de), en Bresse, prit la croix avec Bérard de Châtillon, évêque de Mâcon, Archeric de Corsant et Ulric de Baugé. — Guichenon. — Grande salle.

* Saint-Valery (Gauthier et Bernard, comtes de), s'attachèrent, selon Orderic Vital, à la fortune de Bohémond. — Grande salle.

1096. — Salignac (Hugues de), de la maison de Salignac de Fénelon. — Cartulaire d'Uzerche. — Addition à la 2e salle.

* 1133. — Salins (Humbert III, sire de), dit *le Renforcé*, originaire de Bresse, mourut en Palestine vers l'an 1233. Gaucher, sire de Salins, se distingua au siége d'Acre, en 1191. — Grande salle.

1096. — Salviac (Etienne et Pierre de), en Quercy, moururent tous deux peu de temps après leur retour de la croisade. Un jugement de maintenue de noblesse a reconnu la communauté d'origine des maisons de Salviac et de Viel-Castel. — Grande salle.

+ 1553. — Sangle (Claude de la), de la maison de

Montchanard, en Beauvoisis, grand maître de Saint-Jean de Malte, soutint un siége contre le corsaire Drogut, et le repoussa; il mourut en 1557. — Historiens. — 4e salle.

1239. — SARCUS (Adam de), en Picardie. — Acte d'emprunt. — 2e salle.

* 1248. — SARGINES (Godeffroy de), fit des prodiges de valeur pour protéger la retraite de saint Louis sur les bords du Nil. — Joinville. — Grande salle.

1248. — SARTIGES (Gauthier de), en Auvergne. — Emprunt fait à Acre. — 3e salle.

* 1345. — SASSENAGE (Didier, seigneur de), en Dauphiné, accompagna le dauphin de Viennois à la croisade. — Valbonnais. — 4e salle.

1248. — SAULX (Jacques de), en Bourgogne, mourut à la première croisade de saint Louis; Pierre de Saulx était à celle de Tunis. De Jacques descend la maison ducale de Saulx-Tavannes. — Grande salle.

* 1219. — SAVEUSE (Guillaume de), en Picardie, d'une maison éteinte depuis plusieurs siècles. — Charte de nolis. — 2e salle.

1248. — SÉGUIER (Guillaume), en Languedoc. — Acte d'emprunt. — 3e salle.

1248. — SÉGUR (Guillaume et Guillaume Raymond de). — P. Anselme. — Liste de Du Cange — Addition à la 3e salle.

* 1190. — SENLIS (Guy IV de), grand bouteiller de France, se croisa avec Philippe Auguste, et en 1218 retourna en Orient, où il fut fait prisonnier au siége de Damiette. — Historiens. — Grande salle.

1248. — SESMAISONS (Hervé de), en Bretagne. — Charte de nolis. — 3e salle.

* 1270. — SÉVERAC (Guy de), en Rouergue. — Archives du royaume. — 4e salle.

1248. — STOCHAN (Hervé de), en Bretagne, d'une

maison connue aujourd'hui sous le nom de Kersabiec.
— Charte de nolis. — 3e salle.

* 1248. — SOLAGES (Thibaut de), en Rouergue, dont
le nom a été relevé par l'ancienne maison d'Arja.
— Acte d'emprunt. — 3e salle.

* 1247. — SONNAC (Guillaume de), grand maître du
Temple, se distingua à la Massoure, où il perdit un
œil, et fut tué trois jours après dans une autre action.
— Joinville. — 2e salle.

* 1270. — SORES (Raoul de), sire d'Estrées au Maine,
maréchal de France, reçut 1600 livres tournois « ly
« sixiesme de chevaliers » pour le voyage de Tunis. —
Liste de Du Cange. — Grande salle.

* 1096. — SOURDEVAL (Robert de), en Normandie,
s'attacha à Bohémond, prince d'Antioche. — Orderic
Vital. — Grande salle.

1204. — STRATEN (Guillaume de), en Flandre. —
Charte de nolis. — 2e salle.

* 1270. — SULLY (Jean de), en Champagne, était un
des *chevaliers de l'Hostel-le-Roy*. — Liste de Du Cange.
— Grande salle.

* 1170. — SYRIE (Joubert de), grand maître de Saint-
Jean de Jérusalem, soutint la guerre contre Saladin. —
Historiens. — 1re salle.

* 1096. — TAILLEFER (Guillaume X), comte d'Angoulême, mourut au retour de la première croisade en
traversant l'Allemagne. — Historiens. — Grande salle.

1248. — TAILLEPIED (Thomas), d'une maison de Bre
tagne établie depuis en Normandie. — 4e salle.

1251. — TALLEYRAND (Boson de), sire de Grignols,
en Périgord, était en Palestine avec saint Louis. —
Art de vérifier les dates. — Grande salle.

* 1112. — TANCRÈDE prit la croix avec son cousin
Bohémond, prince de Tarente, et mourut à Antioche,

en 1112. Sa piété et ses vertus firent de lui le type le plus parfait de la chevalerie. — Historiens. — Grande salle.

* 1248. — Termes (Olivier de), est qualifié par Joinville « l'un des plus vaillants et des plus hardis hommes qu'il ait connus en terre sainte. » — Grande salle.

* 1184. — Terric, grand maître du Temple, combattit à la fatale journée de Tibériade, qui entraîna la perte de Jérusalem. — Historiens. — 1re salle.

* 1250. — Texis (Bertrand de), en Auvergne, grand maître de Saint-Jean de Jérusalem, succéda à Pierre de Montaigu, et ne jouit que quelques mois de sa nouvelle dignité. — Historiens. — 2e salle.

* 1270. — Thémines (Gisbert Ier, seigneur de), suivit saint Louis à Tunis. — Chroniques de l'abbé de Foulhiac. — 4e salle.

* 1248. — Thésan (Bertrand de), au comtat Venaissin. — Acte d'emprunt. — 3e salle.

* 1096. — Thiern (Guy de), comte de Châlon-sur-Saône, en Bourgogne, dont il avait hérité par sa mère, se croisa avec Godefroi de Bouillon. Guillaume II, comte de Châlon, accompagna Philippe Auguste à la croisade. — Art de vérifier les dates. — Grande salle.

* 1096. — Thouars (Herbert II, vicomte de), accompagna le comte de Poitiers en Palestine. — Charte originale. — Grande salle.

* 1091. — Tilly (Raoul de), en Normandie, s'est distingué au siége d'Acre. — Benoît de Peterborough. — Grande salle.

* 1097 — Tocy (Ithier II de), seigneur de Puisaye, en Auxerrois, mourut en Palestine ; plusieurs rejetons de sa famille figurèrent aux croisades. — Historiens. — Grande salle.

1147. — Tonnerre (Renaud, comte de), en Champagne, fut tué ou, selon quelques historiens, fait prisonnier dans les défilés de Laodicée. — Grande salle.

* 1173. — Toroge (Arnaud de), grand maître du Temple, forcé de conclure une paix désavantageuse avec Saladin, s'embarqua pour aller chercher du secours en Occident, et mourut à Vérone. — Historiens. — 1re salle.

* 1270. — Torote (Anselme de), seigneur d'Offemont, faisait partie des *chevaliers de l'Hostel-le-Roy*, dont la liste a été donnée par Du Cange, à la suite de l'histoire de Joinville. — Grande salle.

* 1095. — Toulouse (Raymond V, comte de), en Languedoc, prit la croix au concile de Clermont, et partit à la tête de ses plus puissants vassaux ; il mourut, en 1105, au siége de Tripoli. — D. Vaissète. — Piliers.

* 1102. — Tour-d'Auvergne (le baron de la), suivit Guillaume, comte d'Auvergne, à la croisade. — Ancienne chronique. — Grande salle.

* 1270. — Tour-d'Auvergne (Bernard II, de la), mourut au siége de Tunis. — P. Anselme. — Grande salle.

* 119). — Tour-du-Pin (Albert II, de la), en Dauphiné. — Acte de donation. — 1re salle.

* 1270. — Tournebu (Guy, baron de), en Normandie. — Liste de Du Cange. — Grande salle.

* 1270. — Tournelle (Gilles de la), en Beauvaisis, fut un des *chevaliers de l'Hostel-le-Roy*. — Liste de Du Cange. — 4e salle.

1090. — Tournon (Eudes de), en Vivarais. — Acte d'emprunt. — Addition à la 2e salle.

1190. — Tramecourt (Renaud de), en Picardie. — Acte d'emprunt. — 2e salle.

* 1149. Tramelay (Bernard de), originaire de Bourgogne, grand maître du Temple, périt au siége d'Ascalon, où son ardeur l'emporta, à la tête d'une poignée de chevaliers jusqu'au milieu de la place. — Grande salle.

1147. — Trasignies (Gilles de), vendit la terre d'Ath,

au comte de Hainaut, avant de partir pour la terre sainte. — Aubert Lemire. — Grande salle.

1096. — TRÉMOILLE (Guy, sire de la), en Poitou. — P. Anselme. — Grande salle.

* 1270. — TRENCAVEL (Roger de), fils de Raymond, dernier vicomte de Beziers et de Carcassonne. — D. Vaissète. — 4e salle.

* 1248. — TRICHATEL (Hugues de), seigneur d'Escouflants portait la bannière de la compagnie du sire de Joinville à la bataille de la Massoure, où il fut tué. — Grande salle.

* 1147. — TRIE (Guillaume), seigneur de Fresnes, mourut en Palestine. — P. Anselme. — Grande salle.

1096. — TURENNE (Raymond Ier, vicomte de), en Limousin, est cité par D. Vaissète, comme s'étant signalé à la défense du pont d'Antioche. — Piliers.

* 1147. — TYRREL (Hugues), sire de Poix, en Picardie. — Orderic Vital. — Grande salle.

* 1467. — URSINS (Jean-Baptiste des), originaire d'Italie, grand maître de Rhodes, s'aida des sages conseils du commandeur d'Aubusson, qui lui succéda en 1476. — Historiens. — 4e salle.

1190. — Uzès, *voyez* Bastet.

* 1270. — VALÉRY (Erard, seigneur de), connétable de Champagne, est cité dans la liste des *chevaliers de l'Hostel-le-Roy*. — 4e salle.

* 1557. — VALETTE PARISOT (Jean de la), grand maître de Saint-Jean de Jérusalem, originaire du Rouergue, soutint dans Malte un siége de quatre mois contre Mustapha et le força de se retirer. — Historiens. — Piliers.

1190. — VALLIN (Guillaume et Pierre de), en Dauphiné. — Acte d'emprunt. — 1re salle.

1270. — VALOIS (Jean, comte de), dit *Tristan*, né à

Damielle en 1250, se trouvait au siége de Tunis. —
Joinville. — Piliers.

1248. — VALON (A... de), d'une maison du Quercy,
dont une branche a aujourd'hui le surnom d'*Ambrugeac*.
— Acte d'emprunt. — 3e salle.

* 1096. — VANDEUIL (Clairambault de), en Picardie,
suivit Hugues de Vermandois à la croisade. — Robert
le Moine; Albert d'Aix. — Grande salle.

1248. — VARAIGNE (Roux de), en Languedoc, mourut sur les bords du Nil, le jour de la paye, ce qui l'em-
pêcha de rembourser l'emprunt qu'il avait fait sous la
caution d'Arnaud de Noé. — Titre original. — 4e salle.

* 1147. — VARENNES (Guillaume, comte de), mourut
à la croisade. — P. Anselme. — 1re salle.

* 1270. — VARENNES (Florent de), amiral de France,
originaire de Picardie, devait recevoir lui, *douzième de
chevaliers*, 3255 livres tournois.—Liste de Du Cange.—
Grande salle.

* 1147. — VAUDEMONT (Hugues Ier, comte de), en
Lorraine, accompagna l'évêque de Toul, à la seconde
croisade. Hugues II, son petit-fils en 1186, et Hugues III,
son arrière-petit-fils en 1240, firent aussi le pèlerinage
de la terre sainte. — D. Calmet. — Grande salle.

1201. — VENISE (la République de), à la fois guer-
rière et marchande, fournit les vaisseaux pour le trans-
port des chevaliers de la quatrième croisade, à laquelle
elle prit une part active. — Piliers.

* 1147. — VENTADOUR (Ebles III, vicomte de), en Li-
mousir, tomba malade au retour de la croisade et mourut dans l'abbaye de Mont-Cassin. — Courcelles, histoire généalogique des Pairs de France. — Grande
salle.

1190. — VÉRAC, *voyez* Saint-Georges.

1248. — VERDONNET (D. de), en Auvergne. — Addition à la 4e salle.

1248. — Verger (Aymeric du), en Poitou, maison aujourd'hui connue sous le nom de *La Rochejacquelein*. — Charte de nolis. — 3ᵉ salle.

* 1191. — Vergy (Hugues, seigneur de), en Bourgogne, se trouvait au siége de Saint-Jean-d'Acre. — André Duchesne. — Grande salle.

* 1270. — Verneuil (Ferry de), en Bretagne, maréchal de France, grand échanson de la couronne, est cité parmi les *chevaliers de l'Hostel-le-Roi*. — 4ᵉ salle.

* 1190. — Versailles (Gilon de), Ile-de-France. — 1ʳᵉ salle.

1248. — Vezins (Dalmas de), en Rouergue. — Acte d'emprunt. — 3ᵉ salle.

* 1250. — Vichy (Renaud de), en Bourgogne, grand maître du Temple, engagea saint Louis à prolonger son séjour en Syrie pour y relever de concert les affaires des chrétiens. — Joinville. — 4ᵉ salle.

1248. — Vicomte (Macé le), en Bretagne. — Charte de nolis. — 3ᵉ salle.

* 1396. — Vienne (Jean de), amiral de France, commandait l'avant-garde à la journée de Nicopolis, où il fut tué. — Froissart. — Piliers.

1096. — Vielcastel, *voyez* Salviac.

* 1096. — Vieux-Pont (Robert de), en Normandie, s'attacha à la fortune de Tancrède. — Albert d'Aix. — Grande salle.

* 1202. — Vignory (Ganthier de), en Champagne, est mentionné par Villehardouin. — 2ᵉ salle.

* 1300. — Villaret (Guillaume de), originaire de Provence, grand maître de Saint-Jean de Jérusalem, conçut le projet de transférer le siége de l'ordre dans l'île de Rhodes. — Vertot. — 4ᵉ salle.

1307. — Villaret (Foulques de), grand maître de Saint-Jean de Jérusalem, en 1207, après l'expulsion des chrétiens de la Palestine, s'empara de l'île de Rhodes, qui devint le chef-lieu de l'ordre. — Vertot. — Piliers.

* 1248. — VILLEBÉON (Pierre de), seigneur de Baigneaux de l'ancienne maison de Nemours en Brie, grand chambellan de France, suivit saint Louis à ses deux croisades ; il tomba malade et mourut au port de Tunis. — Joinville. — Grande salle.

* 1202.—VILLEHARDOUIN (Geoffroy de), maréchal de Champagne, fut un des chefs de là croisade de Constantinople, dont il écrivit l'histoire. Sa famille resta en Orient, où elle posséda les principautés de Morée et d'Achaïe. — Piliers.

* 1241. — VILLEBRIDE (Pierre de), grand maître de Saint-Jean de Jérusalem, succéda à Bertrand de Comps et périt au combat de Gazer contre les Karismiens. — Historiens. — 2e salle.

1248. — VILLENEUVE (Arnaud, Raymond et Pons de), en Languedoc, engagèrent la ville de Pontsorbe aux chevaliers de Saint-Jean pour subvenir aux frais de la croisade. — Pavillet, généalogie de la maison de Villeneuve. — Grande salle.

1319. — VILLENEUVE (Hélion de), de la maison des barons de Vence en Languedoc, grand maître de Saint-Jean de Jérusalem, succéda à Villaret en 1319 et mourut en 1346. — Historiens. — Grande salle.

* 1270. — VILLERS (Hugues de), accompagna saint Louis à Tunis. — Liste de Du Cange. — 4e salle.

* 1287. — VILLERS ou VILLIERS (Jean de), en Beauvoisis, grand maître de l'ordre de Saint-Jean de Jérusalem, succéda à Nicolas de Lorgue, et transporta le siége de l'ordre à Limisso en Chypre, après l'expulsion des chrétiens de la Palestine. — Historiens. — 4e salle.

* 1521. — VILLIERS, DE L'ISLE-ADAM (Philippe de), dans l'Ile-de-France, grand maître de Rhodes, soutint un siége de plusieurs mois contre Soliman, et ne se ren-

dit qu'à la dernière extrémité. Charles-Quint lui céda l'île de Malte pour en faire le siége de l'ordre. — Vertot. — Piliers.

1190. — Vimeur (François de), originaire de Touraine, dont la maison porte aujourd'hui le titre de marquis de Rochambeau. — Acte d'emprunt. — 2ᵉ salle.

1396. — Vienne (Jean de), amiral de France, originaire de Bourgogne, commandait l'avant-garde à Nicopolis. — Froissart. — Piliers.

1147. — Virieu (Guiffray de), en Dauphiné, fit une donation pieuse avant de partir pour la croisade. — Guy Allard. — Acte d'emprunt. — 1ʳᵉ salle.

1248. — Visdelou (Guillaume de), en Bretagne. — Charte de nolis. — 3ᵉ salle.

*1248. — Vitré (André de), en Bretagne, fut tué à la Massoure et ne laissa qu'une fille, mariée à Guy de Montmorency Laval. — D. Morice. — 4ᵉ salle.

1252. — Voisins (Pierre de), en Languedoc. — D. Vaissète. — 4ᵉ salle.

* 1180. — Waglip ou Gayclip (Geoffroy de), aïeul de Duguesclin, en Bretagne, confirma à son retour de la Palestine une donation faite par sa mère à l'abbaye de la Vieuville. — P. Anselme. — Grande salle.

* 1190. — Walpot de Passenheim (Henri de), fut le premier grand maître de l'ordre Teutonique, institué par Frédéric de Souabe, fils de Frédéric Barberousse. — Historiens. — Piliers.

* 1190. — Waurin (Hellin de), sénéchal de Flandre et Roger son frère, évêque de Cambray, moururent au siége d'Acre. — Historiens. — Grande salle.

1190. — Wignacourt (Simon de), en Picardie. — Acte d'emprunt. — 1ʳᵉ salle.

1248. — YSARN (Pierre d'), en Rouergue. — Acte d'emprunt. — 3e salle.

* 1461. — ZACOSTA (Pierre Raymond), en Castille, grand maître de Rhodes, mourut à Rome, où il avait convoqué le chapitre général de l'ordre pour terminer des dissensions intestines. — Historiens. — 4e salle.

A. BOREL D'HAUTERIVE.

———

Quoique la liste qui précède soit déjà fort étendue, on pourrait encore considérer comme assez anciennes pour avoir pris part aux croisades les familles suivantes :

ALÈGRE, en Auvergne.
* ANGLURE, en Champagne.
APCHIER, en Gévaudan.
APPELVOISIN, en Poitou.
ARPAJON, en Rouergue.
* ASSAS, en Languedoc, dont était le chevalier (d'Assas).
AUMALE, en Picardie.
AURE, vicomtes de l'Arbouste.
* AVAUGOUR, en Bretagne, éteints en 1746.

BANNE, en Languedoc.
* BARBAZAN, en Bigorre, éteints au XVIe siècle.
BARTHE (la), en Languedoc.
BAUME (la), seigneurs de Montrevel en Bresse.
* BAUX (les barons de), en Provence, éteints au XVe siècle.

Beaumanoir, en Bretagne.

Boysseulh, en Limousin.

Brancas, originaires d'Italie, établis en Provence.

Bruyères, en Languedoc.

Bryas, en Artois.

Busseul, en Bourgogne.

Cambout (du), marquis de Coislin, en Bretagne.

Castellane, en Provence.

Chabans, en Périgord.

Chaffaut (du), en Bretagne.

Chamborant, en Poitou.

Chapt de Rastignac, en Limousin.

Chastellet, en Lorraine.

Chasteigner, en Poitou.

Chastenet, seigneurs de Puysegur, en Bas-Armagnac.

Chastre (la), en Berry ; aujourd'hui maison ducale.

Chateuneuf-Randon, en Gévaudan.

Clisson, en Bretagne.

Coetlogon, en Bretagne.

* Couhé, en Poitou.

Crevant, seigneurs d'Humières en Picardie par alliance, originaires de Touraine.

Croy, en Picardie.

Culant, en Berry.

* Craon, en Anjou, éteints au xve siècle.

Danneville, en Normandie.

Dresnay (du), en Bretagne.

* Élie de Pompadour, en Limousin.

Escoubleau de Sourdis, en Poitou.

ESTRÉES.

FARE (LA), en Languedoc.
FAY-D'ATHIES, en Picardie.
* FIENNES, au comté de Guines.
FIQUELMONT, en Lorraine.
* FORCALQUIER (les comtes de), éteints au XIVe siècle.
FUMEL, en Quercy.

GALARD, en Guienne, seigneurs de Brassac.
GINESTOUS, en Languedoc.
GRIGNAN, mêmes qu'Adhémar.
GRAMMONT, en Franche-Comté.

HARAUCOURT, en Lorraine.

IMÉCOURT (Vassinhac d'), originaires du Limousin, établis
en Champagne.

LAMBERTYE, en Périgord.
LAMETH, en Picardie.
LANNOY, aux Pays-Bas.
LAUTREC, en Languedoc.
* LENONCOURT, en Lorraine.
LESCURE, en Languedoc.
LIGNIVILLE, en Lorraine.
LINIÈRES, en Poitou.
LUANGE, en Bresse.
LUPPÉ, en Armagnac.
LURE, en Limousin.

MAREUIL, en Périgord.
* MAUQUENCHY, en Normandie.

Merle (du), en Normandie.
Montbron, en Angoumois.

Pecquigny, en Picardie.
Pierre Buffière, en Limousin.
Pierre de Bernis, en Languedoc.
* Pompadour, en Limousin, *voyez* Élie.
* Pontaillier, en Bourgogne, éteints vers 1600.
Puysegur, voyez Chastenet.

Queille (la), en Auvergne.
Quiqueran, en Provence.

Rivière (la), en Nivernais.
Robert de Lignerac, en Limousin.
Rochedragon (la), en Auvergne
Rochefort, en Auvergne.
Rodde (la), en Vélai.
Roncherolles, en Normandie.
Roquefeuil, en Rouergue.
* Rupt, en Franche-Comté.

Sailly, en Picardie.
Sainte-Aldegonde, en Artois.
* Sassenage, en Dauphiné, éteints en 1339.
Saunhac, en Rouergue.
Savary-Lancosme, en Touraine.
Savonnières, en Anjou.
Senneterre ou Saint-Nectaire, en Auvergne.
Simiane, en Provence.

Talaru, en Lyonnais.

TILLY, en Normandie.
TOUCHEBOEUF, en Périgord.
TOULONGEON, en Bourgogne.
TOUR (la), en Voivre, en Barrois.
TOURNELLE (la), en Morvan.

URFÉ, en Forez.

VASSAL, en Quercy.
VILLELUME, en Piémont.
VILLERS LA FAILLE, en Bourgogne.
VINTIMILLE, en Piémont.
VOGUÉ, en Languedoc.

YVETOT, en Caux.

EMBAUMEMENT

DU CORPS DE CHARLES V, ROI DE FRANCE.

—

Ce sont les choses que Pierre Paumier[1] a délivrées pour la préparacion du corps du roy nostre seigneur, que Dieux l'absolle, à maistre Rémon du Noc, cirurgien[2].

Premièrement, IIII livres et demie de oille[3] de terbentine, pour livre, XX s., valent. IIII l. . X s.

Item, I livre de oille pétrol... XX s.

Item, III livres de eau-de-vie, pour livre XII s., valent........ XXXVI s.

Item, pour II fioles de baume fin, cuit et cru................ VI l.

Item, pour plusieurs gommes galbanum, oppoponac[4], armoniac[5]...................... LXVIII s.

Item, pour I livre de camphre. XXXVI s.

(*A reporter*................ XVIII l. X s.)

---

[1] Pierre Paumier se qualifie *esoicier et varlet de chambre du roy*, dans une quittance du 28 mars 1380. Son père, nommé aussi Pierre Paumier, prend le même titre dans deux autres quittances, datées, l'une du 16 janvier 1350, l'autre du 8 février 1363.

[2] Rémon du Noc est nommé Rémon du Nocle, et qualifié de même *cirurgien du roy*, dans une quittance du 12 novembre 1373.

[3] Huile.

[4] O opanax.

[5] Ammoniaque.

(*Report*...................... xviii l.   x s.)

Item, pour iii livres de terbentine............................   xx s.

Item, pour iiii livres d'ongue-
mens [1]............................   ,   xxx s.

Item, pour viii livres de cire
poulaine [2]........................   xxxii s.

Item, pour xii aunes de tèle de
lin, de quoy l'en fist une tèle ma-
gistral [3] des gommes desus ditte,
pour aune iiii s. vi d., valent...   liv s.

Item, pour ii livres de girofle
empoudre..........................   xlvi s.

Item, pour i livre de fleur de
cauelle en poudre.................   lxxii s.

Item, pour une livre de nois
muguètes [4] en poudre............   x s.

Item, pour une livre de storax
calamite empoudre................   xviii s.

Item, pour plusieurs fleurs et
herbes aromatisans pour maitre
entour le corps...................   xxxvi s.

____

(*A reporter*.................... xxxiv l. viii s.)

[1] *Unguenta*, parfums liquides pour oindre le corps.

[2] Cire vierge de Pologne.

[3] Toile faite d'après l'ordonnance particulière du maître. En
pharmacie, les compositions *magistrales* sont opposées aux compositions *officinales*, que les apothicaires tiennent toutes préparées
d'avance..

[4] Noix muscades.

(*Report*...................., xxxiv l. viii s.)

Item, pour demie livre d'encens
empoudre.........................   viii s.

Item, pour demie livre de mas-
tic en poudre.................   xi s.

Item, pour une livre d'aloès et
de mierre[1]......................   xxii s.

Item, pour demie livre de bol[2].   iii s.

Item, vi flacons de eaue rose
de Damas, pour flacon vii s.,
valent............................   xlii s.

Item, pour ii livres de cotton
en laine..........................   vi s.

Item, pour xvi aunes de tèle
cirée, pour aune vii s., valent...   cxii s.

Item, pour viii aunes de tèle
pour faire tabliers, pour aune
iii s., valent....................   xxiiii s.

Item, pour fleurs et demie livre
d'encens..........................   xi s.

Item, pour ii onces de musc fin.   c s.

Somme toute................   li l. ii s. parisis[3].

Nota. D'après les calculs de M. Leber, la livre parisis de l'an 1380 pourrait représenter aujourd'hui en-
viron 72 fr., de sorte que les 51 livres 2 sous parisis
vaudraient commercialement 3680 francs de notre
monnaie.

B. G.

[1] Myrrhe.

[2] Bol d'Arménie?

[3] L'addition donne 51 livres 7 sous, c'est-à-dire 5 sous de plus
que ne porte la somme totale.

TABLE DES MATIÈRES

DES ANNUAIRES.

Articles contenus dans l'Annuaire de 1845.

Articles contenus dans l'Annuaire de 1837.

Articles contenus dans l'Annuaire de 1838.

Articles contenus dans l'Annuaire de 1839.

Articles contenus dans l'Annuaire de 1840.

Articles contenus dans l'Annuaire de 1841.

Articles contenus dans l'Annuaire de 1842.

Articles contenus dans l'Annuaire de 1843.

Articles contenus dans l'Annuaire de 1844.

FIN.